JN005255

上野先生、

フェミニズム

について

ゼロから
教えて
ください！

上野千鶴子
田房永子

大和書房

はじめに　田房永子

※P77注釈参照

もくじ

この対談は2019年7月に行われました

第１章

女はどうして こんなに 大変なの？

母のふたつのメッセージ。
「手に職つけろ」と
「結婚して子どもを産め」

上野　私と田房さんはちょうど親子の年齢差なのね。お母さんが団塊世代で、あなたが団塊ジュニア世代（右図参照）。

田房　私の母は上野さんのひとつ年上です。

上野　1947年生まれ？　じゃあ、私があなたのお母さんと同じ頃に子どもを産んでいればこんな子がいたってことか。

田房　今アラフォーの子どもですね。

上野　田房さんは女子校育ち？

田房　はい、東京の中高一貫の女子校でした。

上野　そうよね、この真っ正直さは。思春期を女子校文化で過ごしたんだ。学校ではあんまり抑圧を受けなかった？

田房　いや、それがけっこう厳しくて。女子高生ブーム*の頃だったからコギャルもいたんだけど、パーマかけちゃいけないとか、スカート短くしちゃいけないとか。

上野　その程度のこと？

*【**女子高生ブーム**】　1990年代中頃から末期までの女子高生カルチャーにスポットを当てたムーブメント。「コギャル文化」とも呼ばれる。歌手の安室奈美恵や雑誌「egg」などに代表される茶髪、短いスカート、ルーズソックスといったファッションが流行した。一方で金銭的援助を目的にした援助交際、それに伴う児童買春、使用済み下着の売買（ブルセラ）といった性的な側面が取りざたされ、社会問題化された。

生まれ年	世代名	青年期に経験した主な出来事	
1935-46 1941-49 全共闘世代	焼け跡世代	◆教育基本法により男女共学に 1947 (p.022) ◆朝鮮戦争 1950～ ◆サンフランシスコ平和条約発効 1952	戦後の焼け跡を経験した世代
1947-49	団塊の世代	◆高度経済成長期 1954～1973 ◆ベトナム戦争 ～1975 (p.021) ◆統計上、見合い結婚と恋愛結婚が逆転 60年代半ば ◆東大安田講堂事件 1969 ◆ウーマンリブ 1970～ (p.054)	第一次ベビーブーム（1947-1949年）で生まれた世代。名付け親は経済評論家・堺屋太一。団塊は「かたまり」という意味
1950-64 1961-70 新人類	シラケ世代	◆あさま山荘事件 1972 ◆第二次オイルショック 1978 ◆ドラマ「想い出づくり。」1981 (p.027)	前世代への反動で政治的関心が低く、あらゆることにシラケていると見られていた世代
1965-69	バブル世代	◆男女雇用機会均等法施行 1986 (p.171) ◆バブル景気 1986～ ◆アグネス論争 1987 (p.185) ◆田嶋陽子テレビ初出演 1990 (p.159) ◆ジュリアナ東京 1991～1994	バブル景気に青春時代を迎えた世代
1970-82 1971-74 団塊ジュニア 1975-82 ポスト団塊ジュニア	氷河期世代（ロストジェネレーション）	◆バブル崩壊 1991～1993 ◆就職氷河期 1993～2004 ◆安室奈美恵ソロデビュー、雑誌「egg」創刊 1995 ◆阪神・淡路大震災 1995 ◆地下鉄サリン事件 1995	バブル崩壊後の就職氷河期を経験した世代。ロストジェネレーション（ロスジェネ、失われた世代）とも呼ばれる。また団塊世代の子ども世代にあたる、第二次ベビーブーム（1971-1974年）で生まれた層を含むことから団塊ジュニアと呼ばれることもある
1987-99	ゆとり・さとり世代	◆東日本大震災 2011 ◆LINE利用者が1億人を超える 2013 ◆#MeToo運動が広がる 2017～ (p.167)	ゆとり教育（2002-2012年頃）で育った世代。「ほしがらない」という特徴からさとり世代とも呼ばれる

参考資料：長山靖生『「世代」の正体』（河出ブックス、2014）／阪本節郎、原田曜平『世代論の教科書』（東洋経済新報社、2015）

田房　はい、あ、いや（笑）。「痴漢は出るから仕方ない」というスタンスで、まったく対策をしないんです。毎日、生徒たちが犯罪の被害に遭ってるのに。それよりも先生たちは生徒のスカートの長さやルーズソックスを取り締まる。「おまえたちの服装が痴漢を誘発してるんだ」と暗に責めているし、「そんな短いスカートはいてるから痴漢に遭うんだ」とハッキリ言う先生もいました。スカートが短かろうが長かろうが、痴漢は痴漢するのに。今思えば、フェミニズム的な教育は一切なかったです。

上野　ちょっと待ってよ。服装のせいって、制服着てるんでしょう？

田房　そうなんですよ。わけわかんないですよね。

上野　だったら制服着せるなよって話だよね。痴漢は制服を狙うんだから。その時代に良妻賢母教育してた？　何年代？

田房　1990年代です。良妻賢母、とは違うかも。「女性も勉強しましょう、仕事しましょう」って教えられたので。それでも基本的に「女は慎ましく」って感じでした。

上野　その学校を選んだのは誰？

田房　母です……（笑）。

上野　ああ、そう。お受験したんだ？

田房　強制的にさせられました。仕方なくやってやってるって感じだったから、偏差値はそんなに高い学校じゃないです。母は能力の合わない学校をむりやり受験させるようなことはしなかった。

上野　女子校に入れたかったのかな？

田房　そういうこだわりもなくて。

上野　地元の学校に入れたくないから？

田房　あっ、そうです。「公立の中学校は荒れているから」と私には説明してました。それと、母自身も中高一貫の女子校だったからかもしれない。

上野　東京出身者なの？

田房　はい。おばあちゃんが受験させたらしいです。

上野　なるほど。お受験小学生の再生産だ。進学先は短大、四大、どっちが多かった？

田房　短大、いや四大かな。女子大の附属だったので。

上野　寝てても進学できるみたいな？

田房　寝て……たら進学できないかも（笑）。私は寝てたんで、裁縫とかをやる学科にギリギリ入れるかどうかの成績でしたが、外部の美大に行ったんです。中学から女子校に６年間もいて、これからの４年も女子大なんて冗談じゃないと思ってました。あと、少しでも早く母から逃げたいという気持ちもありました。でも結局、母の言う通りに生きてきてるなって思います。

上野　母の希望はどんなだったの？

田房　小学生の頃から、「手に職つけろ」ってすごい言われてました。**私たちロスジェネ世代の女って、団塊世代の母親に「手に職つけろ」「どこでも働ける仕事を持て」「資格を取れ」って言われて育ってきてる**人が多いんです。

上野　昔なら「家庭でできる内職」ね。

田房　はい。**同時に「結婚しろ」「子どもを産め」もセットになっていて、娘はこれに引き裂かれちゃう。**

上野　そうだよねー。二重負担になっちゃうよね。

田房　小学生の頃から漫画家に憧れてたんですけど、５年生だったある日、漫画家は「自宅でできる仕事」だと知ったんです。母から口酸っぱく「手に職をつけろ」「結婚と出産は黙っててもできるから絶対にすること」と言われてたので、「結婚して赤ちゃんの世話をしながらできる仕事じゃん！　やったー！　これしかない！」と感動して震えました。
上野　「手に職つけろ」は、私の母も言いました。自分が生きられなかった人生、諦めた選択肢を娘に託すんだよね。もうひとつの「結婚して子どもを産め」は、自分の人生を否定するなっていうメッセージ。ダブルバインドなんだよね。
田房　そうそう、そうなんです！

団塊母とロスジェネ娘、価値観のねじれ

上野　もうひとつ上の世代、私の母や田房さんの祖母世代

の場合、まず「結婚しない」っていう選択肢は、ほぼ100%なかったと思う。「女が働くのは惨めなこと」っていう時代だから。

田房　2012年に長女を出産したんですが、妊娠中の母親学級で、そういう雰囲気をうっすら感じました。「妊婦になってまで働くなんてかわいそう」みたいな感じを出してる人もいた。そこで「結婚してるのに働かなきゃいけない＝恥ずかしいこと」と思ってる人がいるんだなと仰天しました。昔はもっとひどかったんですかね。

上野　もちろんよ。とくに良家の子女は働かないものだったの。そういう時代の女はおのずと「男に選ばれる」「男の傍で生きる」「男次第で人生が左右される」生き方になってしまう。団塊世代はそういう生き方の女性を見て育ち、そういう価値観の母に育てられた。だから婚姻率がめちゃくちゃ高い。コーホートって「同年齢集団」って意味なんだけど、これを調べると**私たちの年齢で「負け犬[*]」「おひとりさま[*]」の女性って人口の３%しかいない。**

田房　では、その世代でご結婚されてない上野さんは……。

上野　だから私は規格外の女（笑）。あなたの話を聞いてて思ったのは、団塊母が言う「手に職」は「家庭を壊さない範囲で」っていう、条件付きだってこと。夫に依存してもいいけど、「夫に何かあった場合も、生

＊**【負け犬】**　けんかに負けて逃げる犬。エッセイスト・酒井順子が『負け犬の遠吠え』(2003)で「30歳以上、未婚、子ナシ」の３条件が揃った女性を「負け犬」と呼び、社会現象を巻き起こした。

＊**【おひとりさま】**　ジャーナリストの岩下久美子（–2001年）が提唱した「個として自立している女性」のこと。女性が経済的、精神的に自立して豊かに暮らす新しいライフスタイルとして提案された。上野千鶴子『おひとりさまの老後』(2007)は大ベストセラーとなった。　参考：『婦人公論』2001年５月22日号「おひとりさまの時代がやってきた」岩下久美子×遙洋子×森永卓郎

団塊世代の若い頃

ロスジェネ世代の若い頃

きていけるように」っていうね。だから内職の延長だった。

田房　そうです、「結婚しても、夫は死ぬかもしれないし、離婚するかもしれないんだから、夫の収入に頼るな。自分の職を持て」ってよく言われてました。

上野　それが次の世代でどうなったかっていうと、資格と実学になる。たとえば弁護士と医者。これだって高給取りで個人事業主の「手に職」系。母たちの要求はずっと「手に職」なんだね。

私の母もすごく中途半端で、「手に職」ってずっと言い続けてたのに、大学進学直前になって手の平返すみたいに「娘は短大で十分」って言い出したの。「お母さん、今まで言ってきたことはなんだったの！」って思った（笑）。まあ結局、私は極道するために大学に進学したんだけど。職業のことは何も考えずにね。

田房　極道、ですか？（極道：悪事を行い、または放蕩《ほうとう》にふけること。そういう人）

上野　そうよ。学問は何の役にも立たない極道だから（笑）。どうやって生きていくかを考えない、とんでもない箱入り娘でした。あなたの世代と私の世代では女性が仕事を持つことの意味が違っていて、**当時は娘が働くことは、母の期待に背くことだった。ところが、あなた方の世代では娘が職業を持つことは母の期待に添うことになっている。**仕事を持って、なおかつ結婚も出産もすることが母の期待に応えることなのよね。

田房　そうなんです！

上野　世代間のねじれがある。私たちは規格外の女として職業人になったけど、あなたたちは母にとっての優等生として職業人になっている。だから家庭人になっても、職業人になっても、規格から外れられないのかも。母や社会の期待に背くすべがない。でも、そもそも規格外の生き方にはモデルがないのよ。私が選んだ道も、当時はモデルがなかった。だから未踏の荒野を歩かなきゃいけなかったのよ（笑）。規格を外れたことへの社会的なペナルティもたくさんあって、食えないとか、職につ

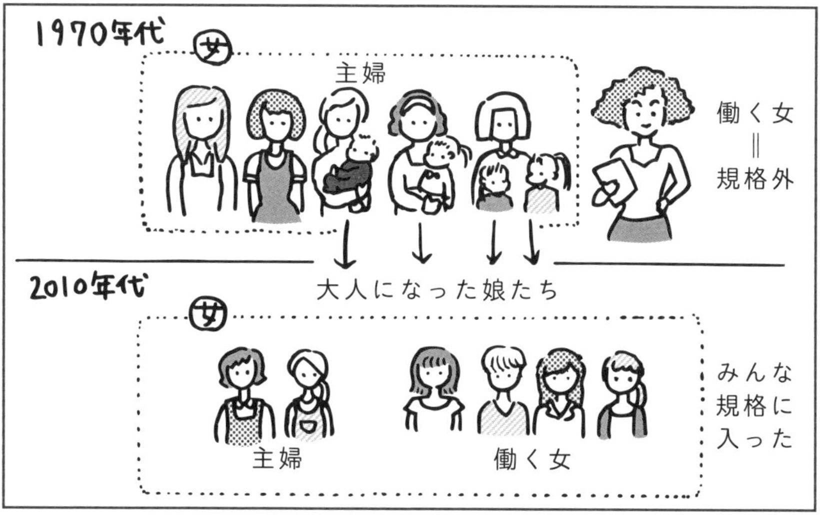

けないとか。私も職を得るまでは単なる失業者でしたから。食えない時代も長かった。

田房　えっ、そうなんですか？

上野　女は食えなくて当然の時代だったから。**女は学歴があると食えなかった**んです。大卒の女は結婚できない、就職できない。就けるのは公務員と教師だけ。ね、時代が違うでしょう（笑）？

田房　ぜんぜん違う！

上野　だから私たちには明確な敵がいたの。親とか、オヤジ社会とか、立ちはだかる敵の姿が見えた。だからこそ反抗できたの。私を苦しめる原因は、私の外部にあったわけ。でも、その次の世代の子がどうなるかっていうと、自分を苦しめる原因を、自分の中に探すことになってしまう。自分を縛っているもの、つまり敵が自分の中にいるのね。この息苦しさって私たちの持ってたものと違うなって思う。

田房　確かに。何かあるとすぐに「自己責任」って言われて育ってるから、原因が自分の外にあることにも気づけないんです。

上野　私たちはさ、「オヤジ、うざい」って思って石投げてたもんね。投げる相手がいたのよ。

田房　石、投げられたんですか？

上野　ホントに投げたもん（笑）。

田房　上野さんの規格外的な石じゃなくても、誰でも投げられたんでしょうか？　たとえばうちの母とか。

上野　みんながそうしたわけじゃないけど、あの頃は大学闘争っていうものがありましたから。石投げるおニイさん、おネエさんがいっぱいいたの。私はそれに便乗したのよ（笑）。

1960年代の大学闘争。その時、母は？上野千鶴子は？

大学闘争の様子。
学生たちが持っているのが「ゲバ棒」（p.065）

田房　あの、大学闘争っていうのは、いったい何をしてたんですか？

上野　そうよね。よく聞かれるけど、それに答えるのは難しいね（笑）。最初は、大学当局とか、目に見える敵がいたの。「学生の不当処分を撤回しろ」とか、「授業料値上げをやめろ」とか、具体的な要求があったんだけど、そこに「自己否定」とか、「生産性原理への批判」とか、そういう課題が盛り込まれてくると、だんだんシンボルが抽象的になって、目標が遠隔化していく。それがそのうち「革命」とかになっていったのよ。

田房　そうだったんだ！

上野　運動って、いったん始めると自動運動になっていくところがあって。どんどん歯止めが利かなくなって、より過激に、より遠くへと、やめられない止まらないってところまでいってしまう。大学闘争も落としどころを見失ってたのよね。大学との団体交渉って、当時はずいぶんやったんだけど、学生運動のリーダーは事前に大学当局と交渉しておくの。ボス交（ボス同士の交渉）って言って、どの辺で手を打って、どこで落としどころをつけるかを、あらかじめ決めておくのよ。

田房　プロレスみたいな？

上野　そうそう！　労組と会社の交渉もそうでしょう。でないと歯止めが利かなくなる。大学の先生って基本はおじさんだったから、血圧が190まで上がったり、命に関わるのよ、ほんとに（笑）。だから、追いつめないでおこうとか、大人の知恵が働いたわけ。

田房　でも火炎瓶とか投げてたんですよね？

上野　だからさ、歯止めが利かなくなっていって、だんだんそうなっていったの。そのうち誰かが火炎瓶を投げると「おお！　オレらもやらねば！」って前のめりになっていく。だから、後悔することもいっぱいあります。結果として「何がほしかったのか？」って聞かれると、難しいのよね。

田房　集団の意識の変化ってことですか？

上野　それもあるよね。あの時代を分析するのはまだ難しいかもしれない。小熊英二[*]さんなんかは、すっきりあっさり団塊世代の「自分探し」だったって言うんだけど（笑）。自分探しで大学を壊し、自分も仲間もズタボロにしたって、簡単に言われてもね……。

田房　そうだったんだ。なんか、自分の母がそんな時代に学生だったとは思えないんですけど。

上野　お母さんは大卒？

田房　女子短大です。

上野　**あの当時の大学進学率は13％ぐらい。男が20％、女が５％。**

＊**【小熊英二】**　1962年-／社会学者／『単一民族神話の起源』『〈民主〉と〈愛国〉』など。

＊**【ノンポリ】**　ノンポリティカルの略。無党派。政治に関心を持たないこと、あるいは無関心な人を指す。

大学（学部）への進学率（通年度高卒者等を含む）

大学進学年度	女	男	計
1965年（団塊の世代）	4.6%	20.7%	12.8%
1972年（現在65歳前後）	9.3%	33.5%	21.6%
1983年（バブル世代）	12.2%	36.1%	24.4%
1989年（団塊ジュニア）	14.7%	34.1%	24.7%
2002年（現在35歳前後）	33.8%	47.0%	40.5%
2019年	50.7%	56.6%	53.7%

出典：2019年度『学校基本調査』年次統計

田房　５％!?

上野　だから大卒カップルは超レアもの。

田房　そういえば、昔はそうだったかも。「○○ちゃんのお母さんとお父さんって○○大生らしいよ」とか噂になったりして、それだけで「すごい！」って感じでした。

上野　だって同年齢人口の５％しかいなかったんだもん。

田房　そんなに少なかったのか。

上野　大学の数も今より少なかったし。進学率は低いけど、子どもの数は多い時代。だから大卒同士の結婚は珍しかった。それぐらい大学生が少なかったのよね。学生運動とそのシンパ（同調者）だった人たちは大学生のほぼ２割程度。だからみんながみんな大学闘争してたわけじゃない。約２割が参加して、約２割が反対して、後の６割はノンポリ[*]。ノンポリは学校がバリ封*されたらバイトに行ったり、旅行に行ったりしてた（笑）。

田房　「やった、休みになったぞ！」って？

上野　そうそう。お母さんはノンポリかな？　迷惑かけられた側ね（笑）。

田房　迷惑……どうですかね（笑）。そういう話、一切聞いたことないです。母は興味なかったんじゃないかな。ハワイアンクラブに入ってたことぐらいしか知らないし、ほんと三島由紀夫*とかも、母と同じ時代の話だと思えないんですよ。

上野　多数派は圧倒的にそうです。どんな時代でもそう。ただ、どの時代にどこでどういう経験をしたかを知るのは、個人を知るためにもすごく大事なこと。大学闘争は首都圏とそれ以外の大学でも温度差があって、私は京都にいたから、東京の雰囲気とは違ってた。あの頃の学生は新幹線なんか乗れないから、夜行列車で東京にデモしに来たこともあったな（笑）。

田房　デモのためにわざわざ？

上野　そう、わざわざ（笑）。でもそれは少数派だし、お母さんは女子短大でしょう？　なら穏やかだったかもね。お茶大（お茶の水女子大学）や津田塾（津田塾大学）には男の子たちが入り込んでオルグ（組織）してた。お茶大は激しかったな。

田房　オルグするって、グループに加わるってことですか？

上野　そう、セクト（党派）に動員する。それからデモや集会のノウハ

＊**【バリ封】**　バリケード封鎖の略。大学構内に机やロッカーでバリケードを作り占拠する戦術。

＊**【三島由紀夫】**　1925–1970年／小説家、活動家／晩年政治活動家としての側面を強め、自衛隊駐屯地にろう城。クーデターを促すスピーチの後に割腹自殺した／『潮騒』『金閣寺』など。

ウを教えたり。立て看の作り方とか（笑）。

田房　盛り上がるきっかけって何かあったんでしょうか。

上野　運動が始まったのが67年頃で、最初のきっかけは医学部闘争*だったけど、盛り上がる背景にあったのはベトナム戦争*です。当時、米兵は日本の基地から北爆（北ベトナムの空爆）に出ていったの。アメリカ軍ってものすごくうまくできてて、数週間戦場にいたら１週間休暇を与えるとか、兵隊をすり減らさないための制度がある。彼らが休暇を過ごしに戻ってくるのが日本だった。その基地の周りに日本人のおネエちゃんたちがいっぱいたむろする。今考えると信じられないけど、１ドル360円の時代だったから。

田房　うわ、すご！

上野　そうすると、数百ドルの給料もらってるG.I.*が札ビラきって、なんでもできる。G.I.って言ったって、当時の学生さんと同年代ぐらいなのよ。その当時の米兵と日本人学生のドラッグとセックスを描いたのが、村上龍*の『限りなく透明に近いブルー』。当時G.I.として日本に滞在してたおっさんにアメリカで会ったことがあるんだけど、こーんなデレデレした顔で「よかったなぁ、日本は。日本のオンナはよかったなぁ」っ

＊**【医学部闘争】**　1968年１月、東京大学医学部の学生自治会がインターン制度の改革を要求し、教授を拘束。医学部教授会は関わった学生17名を処分したが、その中には現場にいなかった者も含まれた。しかし教授会は非を認めず、学生は６月に東大安田講堂を占拠。２日後、東大執行部は機動隊を導入。これを大学の自治と自立性を侵す行為だとして、闘争は全学規模に拡大した。

＊**【ベトナム戦争】**　ベトナムの統一をめぐる戦争。1960年に結成された南ベトナム解放民族戦線が、北ベトナムの支援のもとに南ベトナム政府と抗戦を開始。南ベトナムを支援するアメリカが軍事介入したことから周辺諸国を巻き込んで激化し、長期化。73年和平協定が成立しアメリカ軍が撤退、75年南ベトナム政府が崩壊、翌年に南北が統一された。

＊**【G.I.】**　アメリカ兵を指す俗語。Government Issue（官給品）の略という説がある。

＊**【村上龍】**　1952年-／小説家／『限りなく透明に近いブルー』で1976年にデビュー／『コインロッカー・ベイビーズ』『半島を出よ』など。

て言うの。思い出してもほんとムカつく。ただその後、為替レートが変わっていって１ドル100円になって、そのうち70円台になった。そうすると今後は山田詠美[*]が登場する。G.I.を養ったり、食わせたりする日本の女が（笑）。

田房　おおお。

上野　基地の問題やアメリカの戦争も、自分たちと無関係じゃないのよ。60年代は世界中で反戦運動が盛り上がったけれど、それを下地にして大学闘争がかぶさっていったの。日本でも同じ動きだった。日本の学生にとっても、ベトナム戦争は自分たちが加担した戦争っていう思いが強かったんです。想像つかないと思うけど。その当時どこでどういう経験をしたかっていうのは、人によってぜんぜん違うよね。

彼女が毒母になったワケ

上野　お母さんは、義務教育も女子校かしら？

田房　小学校は男女共学[*]です。

上野　そうよね、だから当時の若者はタテマエ平等の社会で育ってたのよ。大学闘争もそう。表向きは男女平等。

＊**【山田詠美】**　1959年–／小説家／『ベッドタイムアイズ』で1985年に小説家デビュー。G.Iが登場する作品が多数あり、当時夫だったC.D（仮名）との日々を綴ったエッセイもある／『ぼくは勉強ができない』『つみびと』、エッセイ集「熱血ポンちゃん」シリーズなど。

＊**【男女共学】**　男女が同じ学校の同じ教室で同じ授業を受けること。1947年に教育基本法が制定されるまでは、男女別学が主流であり、教室だけでなく通学路が分けられることもあった。なお東大（当時は東京帝国大学）に初めて女子学生が合格したのは1946年。108名の女子受験者のうち19名が合格した。　参考：金谷千慧子『日本民衆と女性の歴史』（明石書店、1991）

田房　母の時代でもそうだったんですか？　建前は男女平等？

上野　だって共学だもん。

田房　それだけで平等なんですか？　当たり前では？

上野　戦前は尋常小学校の中途から別学だったから。男女７歳にして席を同じうせず*、ってね。

田房　うわー！

上野　今はこんな野蛮な風習はないと思うけど、昔はテストの成績を得点順に張り出す学校が多くて。それも共学だと男女一緒だから成績の競争は完全にフェア。成績には性別がなかった。だから女の子たちはそういう男女平等意識のもとに育ってきてるのに、学校を出たら「いったいこれはなに？」って。

雑誌「an・an」の創刊が1970年、その前後に「友達夫婦」って言葉が流行った。共学校で恋愛して、友達カップルができて、結婚して、そこまではよかった。ところが社会に出てみると、男には受け皿になる職があり、女にはない。圧倒的な違いがあったのね。しかも避妊がへたくそだから、あれよあれよという間に妊娠して、73年に第二次ベビーブーム*を迎える。田房さんは何年生まれ？

田房　1978年です。

上野　じゃあ、ちょっと遅かったのね。当時は今みたいに「待機児童*ゼロ」を目指そうなんて動きもないから、子どもを預けるところなんてないし、地方から出てきてるから祖母力もないし、ほんとにどうしようも

＊【男女７歳にして席を同じうせず】　中国の古典の言葉。戦前の日本には「７歳にもなれば男女を分けて、みだりに交際してはならない」という考えがあった。

＊【第二次ベビーブーム】　1971–1974年。年間の出生数が200万人を超え、1973年には209万1983人でピークを迎える。1947–1949年の第一次ベビーブームで生まれた世代を「団塊の世代」、第二次ベビーブームで生まれた世代を「団塊ジュニア」と呼ぶ。

ないのよ。

田房　保育園自体がないってことですか？

上野　ないない。今なんか比べ物にならないぐらい、ぜんぜん数が足りない。そもそも女の働き口がない。子どもがいてもいなくても、大卒女は雇ってもらえないし。

田房　えー!?

上野　**いい会社に入りたかったら高卒か短大卒。四年制大学は行ったが最後、どつぼ。**

田房　なんでですか！

上野　企業は大卒女の使い方がわかんないのよ。企業に入った数少ない大卒女の話を聞くと、嘱託とかアルバイトで、採用もコネ。それも結婚するまでのいわゆる「腰掛け」。初婚年齢が若いでしょ。だからほんの２、３年。あっと言う間。あなたのお母さんが若い頃って、そういう時代だったってことを覚えておいてください。

田房　なんか、わかります。

上野　私たちの世代の女には無念の思いがあるのね。こんなはずじゃなかったって。

田房　母からものすごく感じるんです。今の母じゃなくて、昔の、私に過干渉だった頃の母は、そういうエネルギーを発してました。子どもの時はそれがわからなかったけど、あの当時の女性たちはそうとう理不尽な目に遭ってきたんだろうって今は思うんです。母からの過干渉に苦し

＊**【待機児童】**　保育所や保育施設の利用資格があり、申請しているにもかかわらず入所できずにいる児童のこと。60年代に保育所不足が問題となり、「ポストの数ほど保育所を」というスローガンが生まれるが、整備は進まなかった。80年代には子どもの数が減り保育所不足が解消されたため、待機児童はやや減少。1994年以降、再び増加。2016年には「保育園落ちた日本死ね!!!」というタイトルのブログが話題になり、その年の流行語に選ばれた。　参考：前原寛『子どもの「今」を護れるか』（創成社、2018）

んだ体験を描いた本を出すようになってから、似たような環境で育ってきた人たちと話すようになったんですけど、母親たちの言動が同じなんですね。それを見ていたら、**各母親の個人的な性格の問題もあると思うけど、それと同じぐらい社会に問題があるんじゃないか**って思うようになりました。最初は親子問題として考えてたんですけど、だんだんフェミニズムとか女性差別の問題そのものじゃないかって。

上野　なるほどなるほど。毒親問題って、母が特別なキャラだとか、夫婦関係が特別に異常だとかって言われがちだけど、あなたの描いた『うちの母ってヘンですか？』を読んでみても「あるある」感満載。程度の差はあっても、どこの家庭にもあるようなことばかり。だから共感する

田　房  解　説

毒親（毒母）とは？

「毒親」はスーザン・フォワードの『毒になる親』（毎日新聞社、1999）から作られたネットスラング。2012 年頃からテレビなどマスメディアで取り上げられるようになり、多くの層に認知される言葉となった。メディアでは「毒親になっていませんか？」「毒親だった過去を持つＡさん」など、親側の言葉として使われることが多く、親の言動のひどさのバロメーターのような言葉となりつつある。
しかし、親という“悪く言うことがなかなか難しい存在”を、親からのひどい言動や関係に苦しんだ子どもが「親は私にとって毒である」といったん「敵」「加害者」として自認することで、親から「お前が悪いんだ」と思い込まされる幼少期・青年期を過ごした子どもが親と自分を切り離すための言葉として、とても有効だと私は思っている。

読者がたくさんいるんだと思う。うちの母も、特別性格が悪いわけでもなく、日本のふつうの女。

田房　ほんとそうなんです。善良な市民です。

上野　だけど子どもは親を選べないから。うちの母はそういう意味じゃ、ふつうのニッポンの母で、しかも夫婦仲がよくないふつうのニッポンの妻（笑）。「おまえたちがいるから離婚できない」って子どもに言い続けてきたの。自分の不幸の原因はおまえだって、**子どもに無用な負債感、罪悪感を与える、ふつうのサイテーの母！**

田房　ふつうのサイテーの母って、めっちゃわかります（笑）。

母から娘へ
連鎖する暴力を止めるには

上野　うちの両親、恋愛結婚だったのね。おたくもそうよね？　恋愛結婚だと、夫の選択の責任を誰かに転嫁できない。強制されたわけじゃないから。仲人が悪いとか、親が悪いとか言えない。そうすると自分に男を見る目がなかった、夫選びが悪かったって言うの。私ね、10代の頃、母をじっと見ていて思ったの。「お母さん、あなたの不幸は、夫を変えても変わんないよ」って。これは人格や関係の問題じゃなくて、その人がハマった構造の問題なんだってことに気づいたの。その謎を解くべく、それから20年後に書いたのが『家父長制と資本制』です（笑）。

田房　なるほど！　やっぱり家父長制とか、資本制とかって関係あるんですかね？

上野　あのね、近代家族っていう装置があって、一夫一婦制という制度があって、その上で夫に経済的に依存する妻がいる。その構造にハマる以外の選択肢は、母の世代の女にはなかった。たとえ自ら進んでハマったとしても、私の母の世代の女を、そのことで責めることはできない。自己責任なんて言えない。ほかに選択肢がなかったんだから。

田房　私も、母には言えないです。「だったら、こうすればよかったじゃないか」なんて絶対言えない。

上野　言えないよね。ほかの道はなかったんだから。

田房　山田太一脚本の「想い出づくり。」っていうドラマがあって、うちの母と同じ世代の女性たちが24歳ぐらいの設定なんですけど、結婚

田　房  おすすめ

ドラマ「想い出づくり。」

古手川祐子　　田中裕子　　森昌子

1981年にTBSで放映された山田太一が脚本のドラマ。作家・下重暁子が当時の女性にインタビューした本『ゆれる24歳』が原案。24歳の女性３人が主人公。「女の人生は男の甲斐性で決まる」と言われ、女は仕事では大したことを任されず、結婚相手を強引に決められ、男たちによる暴力が「愛情表現」とごっちゃになっていた時代。熱い思い出をつくりたくて海外旅行を計画する３人。そこには結婚したら自分の人生は終わり、という背景がある。
私の母も「子どもを産んだら女の人の人生は終わりなのよ」と小学生の私によく言っていた。そんな母の世代の女性の苦しみが垣間見られる貴重なドラマだ。

してない女性が12月25日には腐ってしまうクリスマスケーキにたとえられたりするんです。

上野　そうそう、そうなのよ。今見るとものすごい人権無視よね。セクハラそのものよ。

田房　そのドラマを見てはじめて合致したんです。母世代の毒母ぶりと、彼女たちが送ってきた20代の風景が。「これは毒母にもなるよ」って思いましたね。ただ、そういうことを教えてくれる人がいないから、子どもはただ苦しむしかないんですけど。

上野　そうやって納得したら、母のことを許せる？

田房　いや……それとこれとはまたぜんぜん別（笑）。人としては理解するけど。

上野　「なるほど。それなら仕方ないよね」っていう納得感はある？

田房　うーん。共闘する、同じ敵と闘う仲間って感じはします。

上野　ああ、ほんと！　娘の方はそうやって成長しても、母は変わんない？

田房　確かに母自体は変わらない（笑）。でも今は、私の方が強くなっちゃったので、恐怖感はなくなりました。もしイヤなことされたら、「はい終わり。帰ります」っていう気持ちでいます。

上野　そりゃそうよね。親子の力関係は変わるから。

田房　子どもを産んでから、母に似ている自分の口調や声にすごく嫌悪感を持つようになりました。顔や体つきがあの頃の母に似てくることが生理的に耐えられなかった。それは、母と自分だけの問題だと思ってたからだと思います。**母からされたことへの個人的な恨みや傷を癒やす行動は自分で取り組まなきゃいけないけど、それとは別に、こうやって時代背景や社会の構造を解剖して理解していかないと、母から娘への暴力・ハラ**

スメントの連鎖なんて止められない。母にイヤなことをしたのは娘の私ではないから。親子の問題は対等なケンカだと解釈する人がいるけど、間違いだと思います。

「おまえのため」は「私のため」だった

上野　毒母だった時の母は「おまえのためよ」って言い続けたんでしょ？　多かれ少なかれ、母というのはみんなそうやって子どもをコントロールするんだけど、「おまえのため」がほんとうは「自分のため」だったっていう自覚がある母親は少ないよね。中山千夏さんっていう元子役で議員をやったり、小説を書いたりしたフェミニストがいる。母親がステージママで、小さな頃から子どもを商品にする母だった。彼女は母の言う通りになんでもやって、しかも一家の稼ぎ手だったのね。その人が母に背いた最大の出来事が結婚だった。相手はジャズミュージッシャンで、母に猛反対されて。母親はその時、「おまえのためだ」って言い続けたらしい。でも中山さんは、母を問いつめて、追いつめて、しまいに「私のためだ」って言わせたんだって（笑）。

田房　それ、相手に入っていくパターンですね。私は逃げる派だったんですけど、**毒母問題を解決するためには、逃げるか入るかしかない**んです。

上野　よくそこまで母に言わせたなって、感心しました。20代前半って、まだ母が強者なのよね。強者だからこそ対決できる、全力で。

田房　そっか、そうかもしれない。

上野　私も逃げたのよ。18歳でさっさと。「こんなとこ、いられねーや」って思って。家を出るしかないと思ってた。必死になって逃げたの。ずーっと逃げ続けて、できるだけ実家に近づかないようにした。私ね、娘プレイは２泊３日が限界なの（笑）。３日までなら娘プレイできるけど、４日目でキレるから！

田房　私は２時間でした（笑）。

上野　あはは！　そうやって期限付きで親子をやってきたんだけど、40代になって気づいたら、相手が弱者になってた。私の母の場合、ガン患者だったから、病人にもなってる。そうすると母と対決する時期を失っちゃう。ちゃんと対決しておけば、もしかしたら、母と子じゃなくて世代の違う友人になれたかもしれないのにね。「私の若い時はね」って話ができたかもしれない。でもそういう関係には、ついになれなかったね。

田房　私もすでにタイミングを失ったのかもしれない。母のエネルギーが強すぎるところがイヤだったんです。だから母が病人になって動けなくなって、肉の塊になったら愛せるかもって、つらかった時期はずっと思ってました。今の母は昔ほどエネルギッシュじゃなくなって、だんだん母のことを肯定できるようになりました。母が好きだと思って選ぶモノを、いいなって思えるようになったり、そういうレベルですが。

上野　お母さんは、もともとエネルギーポテンシャルが高い人だったの？

田房　むっちゃくちゃすごいです（笑）。

上野　仮に、彼女がエネルギーを向けるほかの選択肢があれば、彼女の人生は変わったかな？

田房　いや……どうなんだろう。はけ口がいっぱいあったとしても変わらなかったと思います。お母さん、もともとモノを作ったりクリエイティブなことをやってたんですよ。そういうことが、ふつうにできる世の

中だったら、エネルギーがそっちに向かってたかもしれないです。なんだろう、結婚したら専業主婦になるのが当然だからやめたって感じに子どもながらに思えました。

上野　「ふつうにできる」っていうのは、それが仕事になるとか、教室になるとか、社会的承認が与えられる何かがあれば、ってことかな？

田房　母自身が自信を持ったり、誰に何を言われてもいいんだって思えるような何かがあれば、ですかね。これで食っていけるって思えるような「手に職」があればよかったかもしれない。

上野　そのためには田房さんがマンガで食っていってるように、ずば抜けた才能がいるじゃない。そうでなくたって、ふつうの人ができる仕事をやって、ふつうに評価されて、ふつうに対価をもらって、そこで人間関係ができる。そういう受け皿があれば毒母たちのエネルギーは分散すると思う？

田房　いや。私の母に関していえば、しない（笑）。なんだろう……彼女自身が自分に何かを課している気がするんです。その荷物を下ろさない限り、子どもや周りの人にまき散らすことになっちゃうと思うんです。

上野　一番でなきゃだめ、みたいなプレッシャー？

田房　母の母、私のおばあちゃんに対してのプレッシャーです。

上野　あー、それか。おばあちゃんとの母–娘関係ね。三代がかりで、根が深いですねえ。

母も、そのまた母も、女はいつの時代も大変！

田房　うちの母は長女で、下に弟と妹がいるんです。おばあちゃんはその弟をめちゃくちゃ可愛がってたんです。今思い起こすと、母から湧き出るエネルギーの源は「おばあちゃんに認められたい」「ひとことほめてもらいたい」だったと思います。
ほんとうは母自身が「私はお母さんに認められたいんだ」とか、「でもそれは無理なんだ」って認める作業をしなきゃいけないのに、「おまえのためだ」っていう言葉で、大人の母でもよくわからないその葛藤を丸ごと子どもの私にぶちまけてくる。感情の一個一個は健全なものなんだけど、それをつなぐルートや発散場所が歪みまくってるんですよね。でもおばあちゃんは母のことを絶対に認めない人だったから、そうなっちゃうのも仕方ないのかなと思います。

上野　女だから認めないってこと？

田房　女だから認めない、ってことだったのかな。孫の私や叔父には優しいのに母にはすごく意地悪でした。

上野　**何番目に生まれようが長男を特別に可愛がるっていうのは、あの世代の人なら当たり前のことだったから。**たとえ最初に生まれていても、女である限り長男のポジションとは絶対に入れ替われない。泣いてもわめいても、自分は長女でしかない。長女としての責任を背負ってがんばったとしても、男兄弟がいれば認めてもらえない。女の子のジレンマだよね。

田房　そういうことだったのか。お母さんにも娘の苦しみがあったってことですよね。

上野　お母さん、長男になりたかったのよ。

田房　そうだ……。きっとそうです。それは女だからの苦しみですよね？　やっぱりフェミニズムを知ってるかどうかって、自分の問題を考える上ですごく大きい気がする。

上野　フェミニズムってわざわざ言わなくても、歴史を知っていれば、ね。育ってきた社会や親世代の歴史を知らないと、わからないことがたくさんある。**おばあちゃんの世代は、長男にだけいいお惣菜を出していた**とかがあったし。

田房　えー！

上野　ほんとに知らないの（笑）？　尾頭《おかしら》付きの魚を食べられるのは家長と跡取り息子だけで、ほかの子どもと妻は残りものを食べるとかね。たとえ年齢が下でも、長男は家督相続人だから。家庭内秩序がはっきりしてるのよ。姉・姉・弟は「末っ子長男」って言う。娘・娘・娘……息

子って、息子が生まれるまでがんばるわけ。秋篠宮家もそうじゃない。

田房　ほんとだ！

上野　家父長制の典型は皇室だから。息子を産むまでがんばる。

田房　なるほど……。

上野　あなたのおばあちゃんもそういう時代に女やってたんだよ。

田房　うわあ、おばあちゃん、大変だったんだ。

上野　そう。**だって日本はずっと家父長制社会だから。女はいつの時代も大変だった。**おばあちゃんは、長男を産む以外は認めてもらえない社会で母になり、その娘はタテマエ平等の世の中で、毒母になったのかな。

団塊世代は
こうして生まれた

田房　次男や三男はどうなるんですか？

上野　次男、三男はスペア！　長男がいなくなったらくり上げ当選するけど、基本「いらない子」だから。だからこそ田舎から都会に出ていけたのよ。それで団塊世代は地方からチバラギサイタマ（千葉、茨城、埼玉）に移住したわけ。

田房　どこからですか？

上野　あなたは東京の子だからわかんないかもしれないけど、日本って言ったって広いんだから。地方には山のように農村があるのよ。東北地方では、長男以外の息子を「ジンム」って呼んだ。すごい名前よね。神武天皇の神武からきてるの。東北弁で訛ると「ズンム」になる。それから「オジ」とも言う。「今度、田房の家にオジが生まれた」って言うのよ。赤ん坊だよ？「なんで赤ん坊が最初からオジって呼ばれるんだ」って思ったら、長男にいずれ跡取り息子が生まれるでしょう、その息子から見たらその人は叔父なわけよ。だから叔父になる運命しかない。

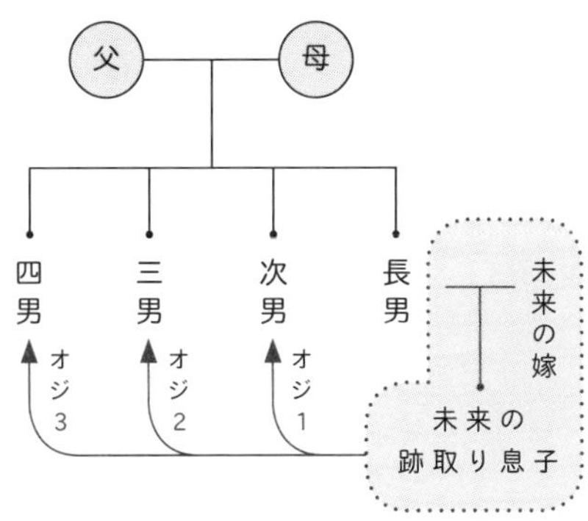

次男以下は生まれた時から
「オジ」と呼ばれた

次三男は、婿に出る以外に、基本は結婚できない。そのままずっと家に残って、長男の一家の働き手として生きていくしかない。田んぼを分けることを「田分け」って言うんだけど、「たわけもの」はそこからきた言葉。長男が田畑を全部相続することになっているから、オジ１、オジ２、オジ３っていっぱいいるわけ。このオジたちはみんな同じ部屋で暮らして、一生結婚できない。長男の家の家内奴隷みたいなものね。長男以外の息子はそういう存在だった。高度成長期になると、この人たちは都会に出て所帯をかまえることができるようになるんだけどね。

田房　仕事は一緒にするんですか？

上野　農業だから、人手はいくらでもいる。でも結婚とセックスは別だから、結婚できなくてもセックスの相手はいる。セックスには夜這《よば》い*があります。

＊**【夜這い】**　もともとは「呼ばう」、男が求婚のため女のもとに通うことを指した。村のルールにもよるが事前に約束をし、女には拒否権もあったとされる。一夫一婦制の普及に伴い不道徳視されるようになり、本来の意義も見失われたが、農村では明治・大正期まで、そのなごりをとどめた。

田房　めっちゃくちゃですね。

上野　めちゃくちゃじゃないのよ。ちゃんとルールがあって、村の統制下にある。夜這いで生まれた子どもは「夜這い子」って言われる。それはそれで育つのよ。

田房　母親のところで育つんですか？　オジと暮らすことはない？

上野　一緒に暮らすってことは所帯をかまえるってことだから、所帯はかまえられない。母のもとで育つ。男も承知の上でね。婚姻制度って、生まれた子どもの帰属を決める制度だから。

なんで戦後こんなに子どもが増えたかっていったら、都会に次三男の仕事口ができたから。だから工業化のおかげよね。彼らが勤め人になって所帯をかまえることができて、それで累積婚姻率（一生に一度でも結婚したことのある人の割合）が上がる。各世帯に二人程度しか生まれないのに子どもの数が増えたのは、婚姻年齢の人口と累積婚姻率が上がったから。ピーク時には男の97%、女の98%に結婚経験があった。**同年齢人口のほぼ100%に結婚経験があったから、「皆婚社会」とか「全員結婚社会」とも言う。でも、こんなふうに猫も杓子も結婚する社会は、一瞬しか続かなかったよね。**

田房　そっか。一瞬だったのか！

上野　一瞬！　それからずっと下がっていってるでしょ。

田房　女の子はどうなるんですか？

上野　結婚できなくても、奉公に出る。

田房　家にいられないんだ。

上野　女の子には商品価値があるから。子守、女中奉公、身売り・公娼、それから工女。妾《めかけ》奉公っていうのもあったわね。

田房　なるほど。家父長的にはハズレだけど商品価値はあった、と。奉公に出た場合も家にお金が入るんですか？

上野　もちろんです、金は親が受け取る。東北地方で娘の行き先を研究した人がいて、ある年の村の娘たちの奉公先を調べたら、女中奉公と娼婦と工女がだいたい３分の１ずつだったって。

田房　これは、日本のどこの話なんですか？

上野　東北の農村です。

田房　す、すごい……女だったら等しく商品価値があるんですかね？

上野　昔は、子どもを売り買いしてた。児童虐待どころじゃないよね。

田房　ほんとですね。ドラマや映画の話じゃなくてリアルだったんだ……。

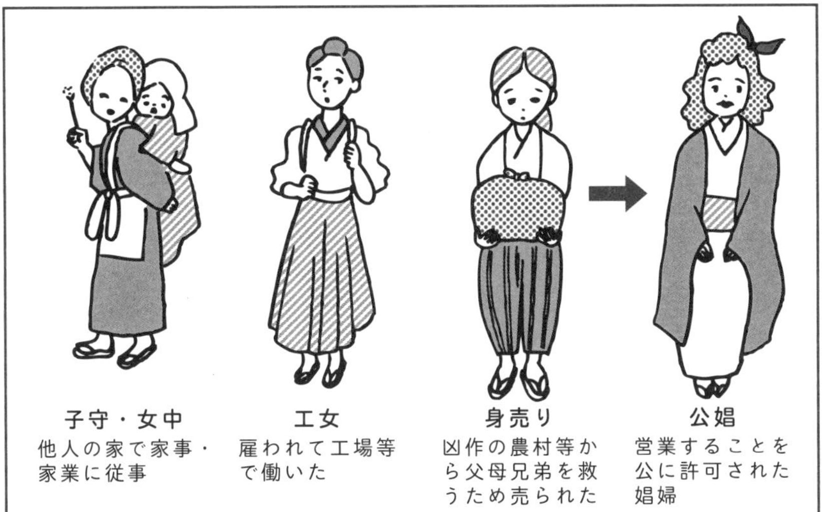

上野　娼婦も工女も給金は前払いで親が受け取って、前借金を抱えていくから逃げられない。

田房　売るために子どもを産む人もいたんでしょうか？

上野　そのためにってわけじゃないだろうけど。避妊しないからどんどん生まれる。

田房　避妊もない！

上野　でも不思議なのは、江戸時代にはずっと人口が増えないの。ほぼ3000万人で横ばい。明治になって急速に増えるのよね。江戸時代は、だいたい人口定常状態。昔の人は多産多死だったかっていうと、そうでもなかったんじゃないかと言われてる。

田房　多産多死？

上野　やりまくって、生みまくって、死なせまくったってこと。でもそうじゃなくて、人口調節をしてたんじゃないかって見方がある。人口現象って、複雑すぎて、なんで起きるかわかんないのよ。でも近代になってなぜ増えたかって言えば、子どもが生産財になったからだと思う。

田房　それまでは政策として人口調節してたってことなんですか？

上野　食えないからよ。養えない子どもは産まないから。次三男坊が急に増えたのもこの時代。この人たちが、どんどん田舎から都会に出てきて、都市移民一世になる。それが私たちの世代。都市移民一世が定着したのが首都圏近郊のチバラギサイタマ。その人たちが団塊の世代って言われるようになって、団塊ジュニアを産んだのね。

お母さんに認めてほしかったお母さん

田房　でも今は、女の子の方が人気って話もあるそうです。

上野　それは女性の地位が高まったからではなくて、育てやすさとか、老後の介護期待とか別の理由からじゃないかな。女児選好が高いのは、東アジア儒教圏では日本だけ。中国の出生性比*は男児113対女児100（2015年）ですよ。

田房　え？　男113に女100ですか？

上野　すごいよね。2007年の120対100から7年連続で男女差がなくなってきてるから、それでも改善されてるみたいだけど。

田房　どうしてるんだろう。

上野　自然出生性比はだいたい105対100だから、人為的に産み分けしてるんだと思う。それに中絶。男と女は生まれる前から、これだけ差がついてるところからスタートしてる。

田房　表向きは男女平等ってことになってるけど、わからないようにされてるだけで、今でも男女の格差があるってことですよね。

上野　でも、建前上は差別が見えないぐらいまでは進んできたとも言えるかな。それは大きな変化なのよ。昔の女性差別はもっと直接的で露骨だったから。

田房　知らないことばっかりだ……。

＊**【出生性比】**　出生時の男女比。日本は80年代以降およそ105対100で推移している。2018年は男470849人・女447548人で105.2対100（人口動態統計より）。

上野　日本の歴史教育、間違ったよね。村上信彦[*]さんという歴史家に『明治女性史』っていう素晴らしい本があるんだけど、おしん[*]世代の女たちが、何を食べて何をしてたかとか、家の中の序列はどうだったとか、詳しく書いてある。そういうこともちゃんと学校で教えてくれたらいいのにね。

田房　ほんとそうですよ。ぜんぜん教えてくれないもん。

上野　田房さんのおばあちゃんは、何してた人？

田房　主婦なんだけど、おじいちゃんが何店舗かお店を経営してて、そこの手伝いをしてました。

上野　じゃあ女主人として家業を仕切ってたかもね。サラリーマンの主婦とは違うでしょう？

田房　そうですね。商人の妻です。

上野　おばあちゃんはお母さんに何を期待したんだろうね。

田房　「大人しくしてろ」って感じかな。母は海外旅行に行ったり、新しい文化を体験するのが好きなタイプだったと思うんですけど。

上野　1ドル360円の時代に海外旅行？

田房　懸賞に当たって行ったんです（笑）。でもイタリア留学もしてました。

上野　ものすごく開放的で挑戦的な人なのね。祖母の期待は「女らしく」なのに、長男と張り合っちゃったのかな。

田房　それもあると思います。今はじめて思いました。どんどん激化す

＊**【村上信彦】**　1909–1983年／女性史研究家、小説家／『服装の歴史』など。

＊**【おしん】**　1983–1984年に放映されたNHK朝の連続テレビ小説。作：橋田壽賀子。主演：田中裕子（幼少時代：小林綾子、中年・老年時代：乙羽信子）。1901年（明治34年）に生まれたおしんの一代記。日本のテレビドラマ史上最高視聴率62.9％を記録し、世界73の国・地域で放送された。

ることでバランスをとっていたのかも。イタリアの友達を自宅に招いて浅草観光したり、その人たちを家族総出で歓迎したり。下町に住んでたんですけど、当時は海外の人と交流するのも珍しかったと思うんです。

上野　おばあちゃんも歓迎してたの？

田房　はい、一応。

上野　あの時代、若い女性が一人で海外に行くなんて言ったら、親は反対するのがふつうだったでしょう。おばあちゃんは止めなかったのかな？

田房　どうだったのかわからないけど、母はおじいちゃんにも堂々と刃向かって大ゲンカするタイプだったみたいです。

上野　親に反抗して生きてきたんだ。だったら娘が反抗することを予期してもよさそうだけど。自分もそうだったんだからさ（笑）。

田房　そうですよね（笑）。そこがつながらないのかもしれない。

上野　「私も若い時はそうだったから」ってならないのね。まあ、親のエゴイズムってそういうものだから。

田房　母がおじいちゃんととっくみ合いのケンカしてたなんて、母の口から聞いたことなかったんですよ。叔母に聞いてはじめて「そうだったんだ！」みたいな。

上野　都合の悪いことは娘に言わないんだ（笑）。

田房　そうそう（笑）。今はそういう話も笑えるんですけど、昔はそういう母がほんとにイヤでしたね。自分に都合の悪いことを言わないこととか。

上野　娘を見て、「私も昔そうだったわねー」とか思わないものなのかしら。

田房　あくまで私が「悪い子」で、自分に非はないと思いたい感じでした。「キレやすくて、反抗的な子だ」って。「そんなんでお嫁に行けるかしら」ってよく言われました。いつもは「手に職」って言うのに、そういう時だけ「嫁に行けるか」とか「結婚できるのか」っていう価値観が登場するんですよ。すごく都合よく使い分けてた。**だから私にとって「手に職」も「結婚」も、どっちも母が私を動かすための言葉だったんです。**

上野　そうやって娘をコントロールしてきたんだ。

田房　母がほんとに思ってることは、ぜんぜん違ったんじゃないかな。

上野　なんだろ、母がほんとに思ってることって。

田房　おばあちゃんへの執着。

上野　「私自身が母に認めてほしかった」ってこと？

田房　そうです。

上野　おばあちゃんに認められるためには、お母さんは何をすればよかったの？

田房　たぶん、どうやっても認めてもらえなかったんじゃないかな……。

上野　それって可哀想すぎるじゃない。

田房　そうですね。切ないです。

上野　長男になる以外ないよね。

田房　そうかもしれない。

すべての母は抑圧的

田房　でも母は女としてうまくやっている人だとも思います。お父さんのお金で暮らしてたし、親からお金をもらってたと思います。

上野　それはいいのよ。子どもは親につけこむものなんだから。あなたもつけこんできたでしょ？

田房　私はぜんぜん！　まったくもらってないです！

上野　だって、私立の女子校に行かせてもらって。

田房　あ、そこは頂きました。そうです、そうだそうだ。はは！

上野　美大行きたいって言ったら、行かせてくれたんでしょ？　それを忘れちゃいけません（笑）。

田房　忘れかけてました。お金の面では何不自由なく育ててもらいました。卒業してからはもらわないようにしてただけでした……。ずっと、私の中で母は、「子どもを脅してでも自分のやりたいようにやる人」「私を支配する人」でした。だけど大人になってそういう母に疑念を持つようになってからは、「母親に認められたくて必死にあがく一人の女の人」に見えてきたんです。今話していて、やっぱりそうだったんだろうなって思いました。

上野　娘としてはそうよね。**母になったらすべての母は抑圧的になるのよ。抑圧者であると同時に犠牲者でもあるのだけど。**

田房　そうなんだ……。

上野　自覚してもしなくても、すべての母は抑圧的なのよ。子どもに対して絶対的な強者だから。それが極端に表れるかどうか、後は程度の問題。リベラルな親はリベラルなりに抑圧的。そうでない親はもっとむきだしに抑圧的。親子関係って逃げられないから、どんな親でも子どもにとっては災難よね。私は親の期待に背いたから、母は「自分の人生を娘の生き方によって否定された」って、恨みを持っていたと思う。

田房　恨まれてるって感じたんですか？

上野　もちろん感じた。30代の頃かな、「男はいるのに、いつまでたっても子どもを産まないし、結婚もしない。あんたは私の人生を否定するのか」って、そういうニュアンスのことを言ってたね。

田房　お互いに相手の人生を自分に重ねることでつながってるんですよね、母と娘は。母と息子だと、そこが違う。

上野　そうなの。息子だとぜんぜん違う人生歩んでも認められるの。異性だからね。

田房　「こうなってほしい」とか、「こういう職業についてほしい」っていうのを裏切られるのと、「自分と同じことをやってほしい」っていうのを裏切られるのじゃ、意味が違いますもんね。私の「毒親」系の漫画の読者って、男の人が圧倒的に少ないんです。

上野　そうだと思う。男が読んだら不愉快になるんじゃない（笑）？

田房　そうなのかな。「ぜんぜん意味がわかんない」って人も多いです。

上野　あー、通じないんだ。

田房　「何これ？」みたいな。

上野　それもつらすぎるよねー。ぜんぜん通じないほどの異文化で育ったら、男と女が出会ってもコミュニケーションとれないじゃない。

田房　テレビのワイドショー番組のディレクターから「本読みました、取材させてください」って連絡がきたんです。おじさん二人だったんですけど、席についたら「で、母がしんどいってどういう感情なんですか？教えてください」って言うんです。「読んだんでしょ!?」みたいな（笑）。ちゃんと読んでるんですよ、でもわからないんだって。驚きました。

上野　はぁ、同世代？

田房　10歳ぐらい上の人でした。

上野　田房さん、マンガで「石像化」って描いてたでしょ？　信田さよ子[*]さんも同じことを言ってたけど、娘と母が取っ組み合いのケンカをしてる最中に、父は石像になっちゃうって。

田房　すーっと横を通り抜けていくんですよ。

上野　すごいよねー。なかったことにしちゃう、あの鈍感力！

田房　私とお母さんが狭いスペースで取っ組み合ってると、その横をすーっと通って、自分の部屋に入るんですよ。

上野　雨宮処凜*さんは「父の不在という暴力」って言いました。石像になることが一種の暴力だってことがなんでわからないのかね！

田房　ケンカが激化して、これ以上やると怪我とか事故とかヤバいことになるぞって段階ではじめて、父が出てきて止めるんです。

上野　調停者をやるわけ？

田房　そう！

上野　介入はしても、当事者にはならないってことよね。

田房　そうですそうです。あくまでレフェリー。

上野　ふーん。妻はその夫に不満はないの？

田房　むしろ父への不満だったと思います。**母への執着と、夫への不満が全部子どもに向かったんだと思う。**

上野　そうよね。不満は一番弱いところ、向けやすいところに向くんだよ。

田房　「おまえは誰に食わせてもらって

田房永子『それでも親子でいなくちゃいけないの？』（秋田書店）より

＊【信田さよ子】 1946年–／公認心理師、臨床心理士／『母が重くてたまらない』『後悔しない子育て』など。

＊【雨宮処凜】 1975年–／作家、活動家／『生きさせろ！　難民化する若者たち』『世代の痛み』（上野千鶴子との対談）など。

ると思ってるんだ」って言うんです。

上野　どっちが？

田房　私に、母が。

上野　母が言うの？　父じゃなくて？

田房　父は母にも私にも言いませんでした。

上野　それ、意味わかんない。

田房　ですよね！「誰に食わせてもらってるの！」って言われても、こっちは「お父さんでしょ」って感じなんですけど。「誰が学費払ってると思ってんだ！」とか、すんごい言ってきてたんですよ。

上野　その時、母は父の代理人をやってるわけね。虎の威を借る狐みたいに。

田房　私はそれがすごいイヤで、大学４年も行きたくないなって思ったんです。それで短大に行ったんです。短大なら学費をもらう時期が２年短くなるから。母がなんであんなにお金のことを言ってたんだろうって、今になって考えたら、多分自分に向けて言ってたんだと思うんですよね。「誰のおかげで食えてると思ってんだ」「役に立たないなら家から出てけ」って、それは母が持ってる罪悪感、人のお金で暮らすことへの負い目みたいなもの。「何もしないで生きていいんだろうか」っていう、行き場のない自分への声が、ああいう形になったんじゃないかって。

上野　なるほどねー。夫は言わないのにね。言わなくても態度に出るからね。

田房　母自身、専業主婦でいることのつらさがあったんだろうなって。それを際限なくぶちまけられるこっちはその 100 倍つらいんですけど。あんたの方でなんとかしろって感じです。

上野　そりゃそうだよね（笑）。

当事者にならない団塊父

上野　お父さんは毎日ちゃんと帰ってきてた？

田房　毎日帰ってきて、大乱闘の横を通る（笑）。でもちゃんと帰ってきてました。

上野　お父さんも団塊世代だよね？　いやー、なんか団塊男ってほんと！

田房　まさに石のようでした。

上野　当事者にならないんだよ。外で稼いで金持ってきて、浮気もしない。それでなんの文句があるんだって。

田房　ほんとそうです。本人以上に母が「うちのお父さんは浮気しない、借金しない、ギャンブルしない。それだけでありがたい！」とやけにありがたがる感じでした。私が27歳くらいの時、父がポエムみたいなメールを送ってきたんですよ（笑）。

上野　ふふふふふ（笑）。

田房　うっとりした感じで「オレは自分の好きなことばっかりやってきて、おまえたちに迷惑をかけた」みたいなことが書いてあったんです。父の中では自分がフーテンの寅さん*みたいなイメージだったらしく、私と母が柱の影から父を見守ってる風景が見えてたみたいで。

上野　お父さん、そんなに自由に生きてきたの？

田房　好きなことを仕事にしてたというのはあると思います。その時、私と父が見てた景色があまりにも違うってことがわかって、驚愕しまし

＊**【フーテンの寅さん】**　渥美清が演じた、映画『男はつらいよ』シリーズの主人公・車寅次郎のこと。フーテン（瘋癲）には「定職を持たず街中などをふらつくこと」の意がある。

た。石像だった頃は、父は私の味方をしてくれているんだと思ってたんです。私の味方だけど、母をこれ以上激昂させないために黙っているんだって。でもある時、私と母の関係がもう無理だなってなった時、レフェリー的な存在だった父が母の味方をしたんです。それで私は絶望して。味方だと思ってた父が、大逆転どんでん返しで実は母の味方だってわかって、自分の中に何もなくなっちゃったんです。

上野　**それは、夫としては正しい態度です。**

田房　えっ？

上野　そこで夫が妻の味方をしないなんてことは、あってはならない。その時点でその夫婦関係に将来はない！　だから夫としては正しい態度だったと思う。彼は娘より妻をとったのよ。

田房　確かに、あそこで父が私の味方になってたら、私は親をいったん捨てて自立というのができなかったかもしれないです。

上野　その時のお父さん、えらかったよ。後半生、妻と一緒に暮らそうと思ったら、夫はそうするしかないよね。自分が結婚して、夫との関係を振り返ってみたらわかるでしょう？

田房　そうですね。今となればありがたいかも。

上野　それしかあり得ない！　「お父さん、あの時、お母さんの味方してえらかったね」ってひとこと、言ってあげたら（笑）？

田房　あはは！　嫁姑ではずっと姑の味方をしてた父にしてはえらい！

上野　ああ、うちの父とおんなじ！　うちは三世代同居だったから、ばあさんが家にいたし、父は長男だったからね。その家で気の強い姑と嫁が対立したら、自分の母親についた。あの世代の男はみんなマザコンだから。

田房　ははは！　私の父も長男です（笑）。

上野　長男として尾頭付きの特別待遇で育ってきてるから。だから母殺しはできないのよ、あの世代の男たちには決して。

母という名の女には勝てやしない

上野　さっきあなたが「母親が病人になったら優しくできるかもしれない」って言ったでしょ？　私がそうだった。病人になったら圧倒的な弱者だし、はじめてソクインノジョウがわくわけ。

田房　ソクインノジョウ？

上野　漢字変換できないかな（笑）？

田房　すいません（笑）。

上野　惻隠の情、哀れみの感情のこと。佐野洋子[*]さんが『シズコさん』って本に、母親が認知症になってはじめて母に触れたって書いてるの。はじめて母を受け入れることができたって。彼女は母と最後に和解したのね。死ぬ前に認知症になってくれてよかったって書いてるのよ。

田房　母親って、物理的にも心理的にも触わりづらいところがあるのかも。

上野　物理的に触れないと介護できないのよ。佐野さんの場合は、ちっちゃい時に手を出したらふり払われたんだって。それが彼女の決定的なトラウマになってた。母親はできのいい娘だった佐野さんより、長男を愛し、長男に期待した。あなたのおばあちゃんみたいにね。その兄が亡

＊【佐野洋子】　1938-2010年／絵本作家、エッセイスト／絵本『100万回生きたねこ』、エッセイ集『神も仏もありませぬ』など。

くなって、佐野さんは自分の出番だと思ったのに、結局兄の代理にはなれなかった。その思いが母との間にずっと横たわっていて。「母は兄の代りに私が死ねばよかったと思っていたのだろうか」って書いてる。目の前に現れるのが最初っから惨めでみすぼらしいじいさんばあさんだったら、優しくしてあげようって思うけど、親子にはそこに至るまでの長い歴史があるじゃない。相手が弱者になっても、「恩讐の彼方に」ってわけにはいかないのよ。死にかけて、そこに横たわってるのに、「あの時あなたは」って問いつめたりして（笑）。抑えても抑えても、抑えきれなくてね。私ある時、死の床にある母にふっと言ったの。「お母さん、私はね、この家を出て、自分を育て直したのよ」って。ほんとに必死の思いで。生まれてはじめて口にしたの。その時の母の言葉に驚愕したよね。**「なら、私の育て方がよかったんじゃない」**って。

田房　おおおおおー。

上野　すごいでしょ？

田房　すごい！　はははは！　回収できるんですよね、母親って！

上野　母という名の女には勝てやしません。

田房　脱力する（笑）。

上野　脱力よ。言葉失ったわよ。この異文化とはもう交流ができないって（笑）。

田房　なんつーか最強なんですよね、もう。母にそう言われちゃったら「確かにそうなんだけど……」ってなる。「そりゃあなたが産んだところから始まってるんだけど」みたいな。

上野　今の世の中ならこうやって共感してもらえるけど、これをあなたの母世代の女たちに言うと、反応が違うかもしれない。

田房　「いいお母さんじゃないの」みたいな（笑）。

上野　あははは！

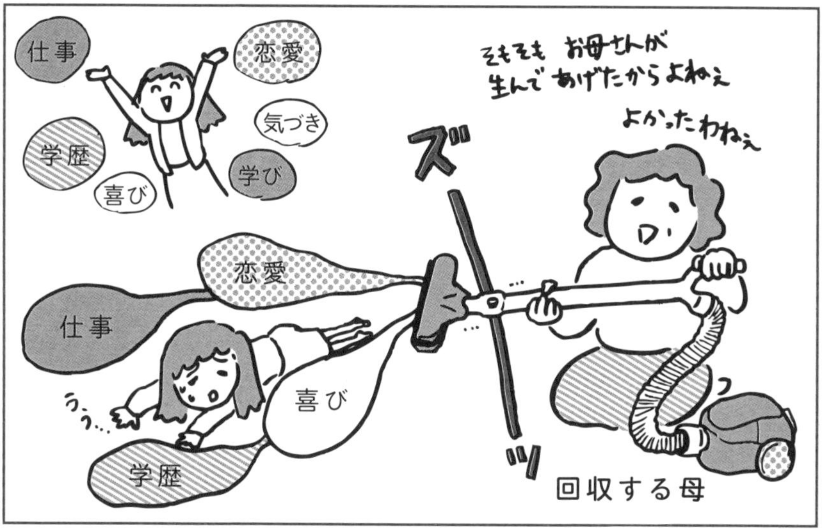
仕事
恋愛
気づき
学歴
学び
喜び
そもそも お母さんが
生んで あげたから よねぇ
よかったわねぇ
ズ
ッ
恋愛
仕事
喜び
うう…
学歴
回収する母

1章を終えて 田房

女は結婚相手の男の経済力に依存する以外、生きる道がなかった。そんな時代の母たちは
……
給料袋
次世代の女の子へ思いを託すしかなかった
選択肢は増えた私たちだが…
働く
結婚
（2章につづく）

第２章

女はどうやって闘ってきた？
どうやって闘えばいいの？

個人的なことは政治的なこと

田房　私、結婚するしない、子育てするしないにかかわらず、女の人が生きるストレスを軽くするためには、自分や家族のルーツみたいな個人的なことと社会や歴史のことを、あわせて理解した方が絶対にいいって思うんですよ。

上野　はい。おっしゃる通りです。それを私たちが学んだのがウーマンリブ*です。

田房　そうなんですか！

上野　まさにリブの標語どおり、「The personal is political――個人的なことは政治的なこと*」。夫とうまくいかない、親とうまくいかない、私が悪いんだ、いや相手の性格が悪いんだって、女たちはそう思って

＊**【ウーマンリブ】** women's liberation movement。60年代後半から70年代初頭にかけてアメリカから世界に広がった新しい女性解放運動の波。19世紀半ばから欧米で展開された婦人参政権要求を軸にした運動を第一波フェミニズム、セクシュアリティや意識変革を重視したウーマンリブを第二波フェミニズムと呼ぶことがある。アメリカではベティ・フリーダン『新しい女性の創造』(1963) の出版を皮切りに、公民権運動、ベトナム反戦運動と連動して展開。日本では1970年、学生運動が解体される中、国際反戦デーに行われた女だけのデモをきっかけに、自律的な運動として叫ばれるようになる。小さなグループが全国で次々と誕生し、つながっていった。　参考：上野千鶴子解説『新編　日本のフェミニズム１　リブとフェミニズム』(岩波書店、2009)、『性差別への告発』(亜紀書房、1971)、溝口明代・佐伯洋子・三木草子編『資料 日本ウーマン・リブ史』(ウィメンズブックストア松香堂、1992–95)

＊**【The personal is political――個人的なことは政治的なこと】**　フェミニズムのスローガン。男女関係や夫婦関係といった個人の抱える悩みや苦しみは、男性社会の中で政治的に押し付けられたものである、とする。政治を、個人のパーソナルな関係における非対称な権力関係と見なす見方。

悩んできた。でもいったん口にしてみたら「あるある」だらけだった。「へえ、あなたも!?」の連続。それまで個人的なことや、性の悩み、夫婦の葛藤などは口にしちゃいけないことだったから。「家の恥*」って言われてたのよ。

田房　そういえば「家の恥」って言葉ありました。昔はよく聞いたけど、今はぜんぜん使いませんね。なんで個人的なことを話すようになったんですか？

上野　あの頃、リブの活動家たちが日本中に女のスペースを作ったり、合宿したり、アクションをしてたの。

田房　『何を怖れる*』っていうドキュメンタリー映画を見たんですけど、合宿めちゃくちゃ楽しそうですよね！　あれ、超やりたい！　子連れで参加してもいいんですよね？　標語作るのとかも楽しそうだし、あれはやりたい。

上野　私たちもしょっちゅう合宿してたな（笑）。

田房　何するんですか？

上野　恨みつらみの……（笑）。

田房　あはは。吐露？

上野　そうそう。よそで言ったら顰蹙を買うようなことを口にしたり、セクシュアリティについて語り合ったり。20代から50代の女８人が合宿してレポート作ったりしてね。その時に全員一致した意見が、「結婚外性関係を認めるか」っていうテーマで「浮気はしたいが、許せない」

＊**【家の恥】**　家の恥をさらす。「家族の問題やそれに対する不満を他人に話すことはみっともない」という考え方。

＊**【『何を怖れる』】**　『何を怖れる　フェミニズムを生きた女たち』2014年。監督：松井久子　出演：田中美津、米津知子、上野千鶴子ほか。フェミニストたちの証言をもとにした日本のウーマンリブについてのドキュメンタリー映画。

だった（笑）！

田房　正直！　超わかりやすい！

上野　人間はみなエゴイストだって認め合って、ぶっちゃけた話をしたりね。そもそも周りから浮いてる女なわけさ。そういうのを英語圏では、「意識覚醒グループ consciousness raising group」って呼んだことを後から知った。そんな言葉はちっとも知らなかったけれど、とっくに実践してたのね。本音を語り合って、「あるある」って共感して。今で言えばSNSの「いいね！」なのかな。

それをもうひとつ先まで進めたのが“The personal is political”という標語。私だけの問題じゃないんだ、って。この「あるある」には共通の原因がある。じゃあどこに原因があり、どこに敵がいるんだろうって。それでリブの運動はつながったの。具体的にひとつひとつの問題に運動を作って、女性センターを作らせるとか、相談業務をやるとか、フェミニストカウンセリングを学んで自分自身もカウンセラーになるとか。そうやって積み重ねてきたのよね。ただ残念なのは、そういう活動があなた方の世代に継承されてないってこと。

田房　私や少し上の世代、次の世代の女性たちにもそういった活動をしている人がいるけど、縦のつながりはあまりないかもしれない……。教えてほしいです。上野さんはどうしてフェミニストになったんですか？

上野　あの頃はまだ「フェミニスト」って言葉はなかった。婦人運動[*]家

＊**【婦人運動】**　広義で女性の権利・地位の向上、抑圧からの解放を目的として行われる運動のこと。「婦人」という言葉には「成人した女」という意味のほかに「嫁いだ女」という意味があることから、リブ以前の女性運動を指す言葉としてウーマンリブとは区別して使われることがある。リブは「婦人」「主婦」「母親」などの言葉に含まれる「女役割」とそれによる女の分断を拒否して、「まるごとの自分を『女』ということばで受け入れようとする」運動だった。　参考：上野千鶴子解説『新編　日本のフェミニズム1 リブとフェミニズム』（岩波書店、2009）

はいたけどね。彼女たちがやっていたのが主に主婦連*と消費者団体*、それに母親大会*ね。**ウーマンリブがすごかったのは、主婦とか母親という女の指定席を全部けっとばしたこと。**当時主流だった女性の運動は「よりよい主婦」「よりよい母」になるためという大義名分があって、その名分の下にやってきたものだったから。

リブの先駆けに森崎和江*さんっていう素晴らしい人がいて、私が尊敬してやまない人なんだけど、彼女が中心になって始めた「無名通信」っていうミニコミがあるの。その創刊号の宣言がとても感動的なの。「わたしたちは女にかぶせられている呼び名を返上します。無名にかえりたいのです。なぜなら、わたしたちはさまざまな名で呼ばれていますから。母・妻・主婦・婦人・娘・処女……と」。そこが、それまでの母親大会や主婦連と決定的に違ったのよ。

田房　いつ頃の話なんですか？

上野　1959年。もう男が女に与えた指定席には座りたくないっていう、強烈な宣言だった。

田房　男性や社会にとっての「よりよい女」になりましょうではなく、私たち女は「一人の人間」だと主張したんですね。

＊**【主婦連】**　主婦連合会の略称。1948年設立。

＊**【消費者団体】**　消費者の健康と安全、権利保護のために自主的に組織された団体を指す。

＊**【母親大会】**　日常生活の様々な問題や教育、平和などについて母親の立場から話し合い、連帯を深めることを目的に開催される大会。1955年の第１回日本母親大会は、全国から60余りの女性団体、約2000人が集まり、反戦・反核を軸に、それぞれの抱える問題や苦しみを訴えた。参加者は年々増え、小児まひの生ワクチン輸入運動や高校全入運動、保育所の完備等、具体的な運動につながっていく。2019年現在も全国に委員会があり、毎年シンポジウムや分科会と呼ばれる勉強会を継続して行っている。　参考：金谷千慧子『日本民衆と女性の歴史』（明石書店、1991）、日本母親大会HP

＊**【森崎和江】**　1927年-／詩人、作家／1958年、夫の家を出て詩人の谷川雁らとともに筑豊に移居し、「サークル村」を立ち上げる。翌年、女性交流誌「無名通信」を創刊。炭坑労働者や公娼婦の聞き書きなどを行った／『まっくら　女坑夫からの聞き書き』『からゆきさん』など。

性革命とウーマンリブ

田房　ウーマンリブはいつ頃なんですか？

上野　日本で盛り上がったのは1970年代になってから。さっき話した大学闘争と絡みながら、「性革命*」の時代に入っていったの。

田房　性革命？

上野　当時は愛と革命がセットだったのよ（笑）。五月革命*のパリに「オーガズム、それがボクの革命だ」って落書きがあったり。あははは！

田房　え、なに？　なんですか、それ（笑）。

上野　それまでの社会は、日本だけじゃなく世界的に見ても、性に対してかなり保守的だった。その頃はまだ「初夜*」って言葉があったのよ。今や死語でしょ？「結婚までは処女」って親も本人も相手も期待してた。その反動のように、フリーセックス*とかオープンマリッジ*といった考えが次々生まれたのがあの時代。

田房　フリーセックスって、ようは結婚相手じゃなくてもセックスするってことですか？

---

*【性革命】 保守的な性の道徳や考え方の変革を求めた運動。婚前セックス、婚外セックス、オーラルセックス、自慰行為など道徳的にタブー視されていた行為の解放や性表現の自由を求めた。アメリカでは60年代から70年代にかけて進展した。　参考：亀井俊介『性革命のアメリカ』（講談社、1989）

*【五月革命】 1968年5月パリの学生運動に端を発し、フランス全土に広がった反体制運動。ド＝ゴール大統領による議会解散・総選挙により収拾されたが、人工妊娠中絶の合法化（75年に成立、ちなみにピル解禁は67年）、家父長制や性役割からの解放、雇用・職業における平等などについて多くのフェミニスト・グループが結成され、大規模なデモや集会が行われるなど女性解放運動（le Mouvement de libération des femmes: MLF）につながった。

上野　それが後に当たり前になって「婚前交渉」と呼ばれるようになるんだけど、それだって結婚を前提にしてるから、セックスが結婚より先ってだけなんだけどね。その後にセックスしてもその相手と必ずしも結婚するとは限らない、となっていったから、「婚前交渉」という言葉も死語になった。**それまでは一発やったら「責任とって！」の時代よ。一発一生（笑）！**

田房　すげー！

上野　すげーよね？　処女性に価値がある時代だったの。欧米でも同じだった。今じゃ笑い話なんだけど、アメリカの性技で「ペッティング」って、聞いたことある？　ABCのBとか言ってたんだけど、最後までいかずに、処女膜を破らず、ありとあらゆる手技を尽くす。これをペッティングって言うの。これはね、アメリカの60年代のデート文化の中で異常に発達した世界的な奇習なのよ（笑）。

田房　キシュウ？

上野　奇妙な習慣。最後の挿入はやらない。こんな妙な習慣ないじゃん。

田房　え、つまり、それより前は挿入だけがセックスだったんですか？

上野　挿入の有無で「一線を越える」か越えないかって。それより以前はペッティングもへったくれもない、そもそも「男女は席を同じうせず」だったんだから。アメリカはカップル文化が盛んになって、デートを推奨した。思春期のティーンエイジャーにデートを推奨しておきながら、結婚までは処女を守れというダブルスタンダードが、アメリカの性

＊**【初夜】**　男女が結婚してはじめて迎える夜のこと。結婚前の女性は処女である前提だったので女性にとってはじめてのセックスという意味でもある。主に中世ヨーロッパなどでは領主・祭司などが花婿に先だって花嫁と交わる権利として「初夜権」があった。

＊**【フリーセックス】**　パートナーや性的指向にとらわれない自由なセックスのこと。

＊**【オープンマリッジ】**　夫、妻以外のパートナーとの性的関係を認める婚姻関係。

田房  解説

(A) はキス　(B) は胸を触ったりする　(C) は SEX

私が中高生の頃、
「ペッティング」は
誰かが言ったら
吹き出しちゃうような
言葉で、ふつうには
使われていなかった

文化だったのよ。その中で相手の処女膜を破らないでありとあらゆる性技を尽くすというのは、どう考えても、奇習でしょ（笑）？

田房　「デートはいいけど、挿入はだめ」なんて奇習が生まれて当然だ（笑）。

上野　今はそんなもの必要ない。

田房　どういうことですか？

上野　だって、べつにぶっ込めばそれでいいもの。

田房　ぶ、ぶっ込む（笑）！

上野　初夜の出血があるのないのとか、処女かどうかを気にする人もいなくなった。そのぐらい変わりましたね。性を楽しめるようになるには、避妊技術が普及することが必須。変わるちょうど転機に性革命っていうのがあったのよ。あの当時、大学闘争にコミットした人たちは、性的にもチャレンジングだったから、家父長制的な処女性尊重*に対抗する人た

ちが男女ともに多かった。当時、バリケードの裏はフリーセックスだと思われてたわね。活動家の女の子たちは、性的にもオープンな人が多かったから、男の子たちとつるむでしょう。でも、フリーセックスやってみたら、女の方にさんざんなツケが回るってことがすぐにわかったの！

田房　ああー、そっかあ……。

上野　やっぱりね、避妊がヘタだから、ぼろぼろ妊娠するのよ。それでぼろぼろ中絶するの。**ウーマンリブは世界同時的に登場したけど、共通の大きな課題は中絶の自由*だった。**ヨーロッパとアメリカはホントに保守的な社会で、キリスト教の影響もあって、中絶の権利が女になかったのよ。そのために彼女たちは惨憺たる思いをしてきた。

だから欧米の女たちは中絶の権利を求めて闘ったけど、日本のウーマンリブは中絶の自由を求める必要がなかったの。**なぜなら日本には優生保護法*があり、「中絶天国」って言われるほど中絶が簡単にできる国だったから。**優生保護法指定医*っていう比較的安価で安全に中絶をしてくれる医者が各地にいたから。それというのも敗戦後、人口抑制をするために、優生保護法に「経済的理由」とい

＊【家父長制的な処女性尊重】 家父長制社会では女は男（家長）に所有されるものであり、父から夫へ贈与されるものという意識から、女性は新品の女＝処女であることを求められてきた。

＊【中絶の自由】 人口妊娠中絶の問題には健康、倫理、宗教、人口政策といった領域があり、女性の権利だけでなく胎児の権利をめぐって今なお議論が続いている。合法化されている国・地域でもその条件は様々で、女性の希望による中絶を認めている国は先進国でも４分の３以下。20世紀のフェミニストは中絶の権利を勝ち取ってきたが、2018年にカトリック国のアイルランドの国民投票で合法化が可決される一方、米国やポーランドでは中絶を禁止・制限する動きが加速している。2019年に中絶を禁止する法律が成立した米国アラバマ州やルイジアナ州ではレイプによって妊娠したケースも含まれ、「MY BODY MY CHOICE（私の体、私の選択）」というスローガンのもと反対運動も起こっている。　参考：『地図とデータで見る女性の世界ハンドブック』（原書房、2018）

うどうにでもとれる理由を付け加えたから。日本のリブが最も激しく闘ったのは、72年にその「経済的理由」を削除して、中絶を制限する方向に法律の改正案が国会に提出されそうになったからね。

田房　それだけ望まない妊娠も多かったってことですよね？

上野　避妊といえばコンドームだけで、その使い方もアバウトだから失敗するし、そもそもしない人も多かったから。コンドームって今日の常識では「性感染症予防法であって、避妊法ではない*」って言われるぐらい失敗確率が高い。当時、ようやくピルが登場したのよね。**欧米ではとくに、性革命とピルは切っても切れない関係にある。**だって妊娠の心配を抱えながらセックスなんて楽しめないもの。フリーセックスなんて言ってらんないよね。女性主体でできる安全で確実な避妊が、性の自立にとって決定的な条件だったの。ところが日本はそれなしでフリーセックスに突入しちゃったから。ヤバいじゃん（笑）。

田房　ヤバい！　避妊についてはいまだにヤバい！

＊**【優生保護法】**　1948–1996年に施行されていた法律。戦前は罪とされていた人工妊娠中絶を特別の事情がある場合に行うことができるとするもの。背景には食糧難や住宅難、人口増加があった。「母性の生命健康を保護する」ことと、「優生上の見地から、不良な子孫の出生を防止する」ことというふたつの目的があり、望まない妊娠や危険な出産への中絶の権利を条件付きで認める一方で、障害をもつ人に同意がなくても強制的に中絶や不妊手術を行っていた。1996年に「母体保護法」に改正され、改正前の法律は「旧優生保護法」と呼ばれることも。2019年現在まで、被害者たちによる損害賠償を求めた訴訟が続いている。　参考：SOSHIREN女（わたし）のからだからHP

＊**【優生保護法指定医】**　人工妊娠中絶を行うことができる医師。母体保護法でも各都道府県医師会が指定する指定医師のみが人工妊娠中絶を行うことができる。

＊**【性感染症予防法であって、避妊法ではない】**　コンドームの失敗率は2～15％（日本産婦人科医会資料より）とされており、性感染症の予防には適しているが、正しく使用しないと避妊には向かないといわれている。諸外国ではピルや女性主体で使用できる避妊具が普及しているが、日本ではコンドームでの避妊が82％で断トツの1位。2016年度の人工妊娠中絶件数は16.8万件。

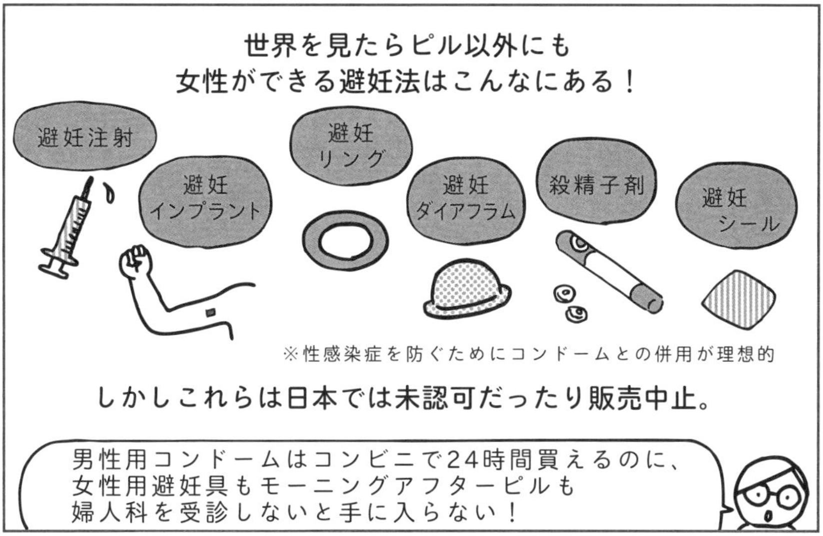

上野　まったくそう。**日本でもアメリカに遅れること 40 年でピルがやっと解禁されたけど、今でも医者の処方箋がないと使えない。**そのほかにもモーニングアフターピル*も、子宮内避妊具とかの女性主体の避妊法も医師の診察が必要。今でもほんとにヤバいんだよね。

田房　全部女にツケが回ってくるんですよ。

上野　そうそう。当時もタテマエは男女平等なのに、フリーセックスをしてつらい目に遭うのは女ばっかりだった。女たちは男が性の非対称性にどれだけ無責任で鈍感かってことも、したたかに学んだわけ。私の周

＊【モーニングアフターピル】　緊急避妊薬とも呼ばれる。避妊に失敗したりレイプされたりした場合に、望まない妊娠を避けるために用いる薬。黄体ホルモンを成分としており、性交渉後 72 時間以内に服用することで排卵や受精を妨げる。効果は８割以上。WHO に緊急避妊目的の必須医薬品に指定されており、厚生労働省にも認可されている。世界 80 ヵ国以上で処方箋なしで購入できる。

囲には結婚前に４回中絶した女もいた。野蛮な時代でね、「中絶は避妊法の一種」だとさえ思われてたの。すごくない？

田房　ひどすぎる……。

上野　めちゃくちゃじゃない？　できても「堕ろせばいいだろ」って。男は自己中心的だから感度が落ちるとか言って、コンドーくん*使いたがらないし。

上野千鶴子が フェミニストになったワケ

田房　『何を怖れる』の中で、「（大学闘争で）自分はバリケードの中でメイクもせずラフな格好で男と一緒に闘っていたのに、その男たちの彼女になるのはお化粧して身ぎれいにした女の子だった。それが自分がリブに参加したきっかけだった」って言ってる方が印象的でした。

上野　米津知子*さんの発言ね。そうなの、男の中にはダブルスタンダードがある。死地に赴く男を柱の影でじっと袖をくわえて見送り、待つ女。そういうタイプの女たちは、男の子が逮捕されて拘置所に入ると救援対策で差し入れ持っていったり、着替え持っていったりするのよ。「救対の天使」と呼ばれた。

田房　ほうほう。

＊**【コンドーくん】**　コンドームのこと。

＊**【米津知子】**　1948年－／女性運動家／２歳半でポリオにかかり、足に障害を持つ。「SOSHIREN女（わたし）のからだから」「DPI女性障害者ネットワーク」メンバー。

上野　一方で男と一緒に隊列組んでデモに行く女がいて、こういう女性の中に「ゲバルト・ローザ」と呼ばれる女性がいました（笑）。

田房　ゲバルト？

上野　ドイツ語で暴力って意味。「ゲバ棒」とか聞いたことない？「ゲバ棒」のゲバは、ゲバルトのゲバ。

田房　「ゲバ棒」は聞いたことあります！（p.017 写真参照）

上野　当時東大で男子と一緒にゲバ棒を持つ女の子がいたらしくて、その女性についたあだ名が「ゲバルト・ローザ」。ローザは女性革命家のローザ・ルクセンブルク*からとったのね。同志とした女は恋人にせず、恋人には都合のいい耐える女、待つ女を選ぶ。これが男のダブルスタンダード。今の「総合職女と一般職女」（p.172 注参照）とおんなじね。

田房　総合職がゲバルト・ローザで、一般職が救対の天使？

上野　そうそう。女の用途別使い分けよ。大学闘争の現場にはもうひとつの類型があって、それが「慰安婦」だったの。当時、**性的にアクティブな女の子たちを、男たちは「公衆便所」って呼んでいた**のね。凄まじい侮蔑の言葉でしょ。同志の女につけこみながら、影で笑い者にしてたの。

田房　ひどい……。

上野　どれぐらい蔑視していたかがよくわかるよね。ところが91年に「従軍慰安婦*」が問題になった時、その言葉がもともと皇軍兵士*が「慰安婦」に対して使った言葉だったことをはじめて知った。自分たちが同

---

*【ローザ・ルクセンブルク】 1871–1919年／政治理論家、革命家／ポーランド生まれ、ドイツで活動した。

*【従軍慰安婦】 日中戦争、太平洋戦争において、戦地の日本軍慰安所で将兵の性の相手にされた女性。植民地や占領地出身の女性の多くは甘言に騙されたり、または強制的に連行され、監禁されて性暴力を受けた。

志だと思っていた男が裏で女性を侮蔑してたってだけでも耐え難いけど、それが皇軍兵士の用語と同じだったなんて！　ほんとに、口もきけないぐらいのショックだった。歴史的な伝承があったのか、それとも誰でも思いつくような言葉だったのか、歴史的検証をしてみないとわからないけれど。

田房　皇軍っていうのは、天皇の軍ってことですか？

上野　そう。男たちは「天皇制解体」とか「家族帝国主義粉砕」って叫びながら、実際には家父長的なオヤジと同じふるまいをしてたのよ。**共学で一緒に勉強して、一緒に隊列に並んだ男の子たちが、とんでもない家父長男だったってこと。**頭の中は革命でも、体は完全に家父長制のおっさん。戦前、「共産党、家に帰れば天皇制」っていう川柳があったんだけど、そこから何も変わってない。

田房　聞いたことあります。フェミニストや共産党員に育てられた人が、「親は外では立派なことを言うけど、家庭は崩壊してた」って。

上野　「ワンマンな夫を妻が暴虐に耐えながら支える」みたいな話って、いくらでもあるよね。しかもその男が、革命とか階級闘争とかの「大義

＊**【皇軍兵士】**　天皇が統率する軍隊に所属する兵士。皇軍という言葉は、満州事変期頃から復古主義に傾き始めた軍の自称として用いられた。昭和の日本軍を指すことが多い。　参考：岩波講座５　アジア・太平洋戦争『戦場の諸相』より一ノ瀬俊也「皇軍兵士の誕生」（岩波書店、2006）

のため」に闘ってると、逆らえない。銃後*で耐える貞女ね。そういう性分業がバリケードの中でも起こった。そこで私が何をやってたかと言うと、おむすび握ってたわけ。だからおむすびキャリア半世紀！

田房　おむすびはどのタイプなんですか？

上野　気の利いた三角おむすびなんかやってられないから、まんまるなおむすびね。私はけっこう上手だったのよ。なのにカタチの悪いおむすびがあると、これは上野が握ったんだ、と男の子たちが言ってたそうな（笑）。おむすび握るのは銃後の妻で賄い婦。銃後の妻と慰安婦はお互いに補完関係にある。運動には男も女もなかったはずなのに、結果としてどれだけジェンダーギャップがあって、女がどれだけのツケを払うかってことも、骨身に染みて味わった。**私がフェミニストになった理由はね、私怨よ。**

田房　おおー！

上野　私的な恨みつらみ！「私怨でフェミになるなんてけしからん」とか言う人も時々いて、「フェミニズムとは、男も女も共にジェンダーの正義を求めて闘うこと」だとか（笑）。

田房　え、なにそれ（笑）。

上野　私は「ケッ」て思う！

田房　あはははは！

上野　私の恨みつらみで闘って何が悪いの!?

田房　うんうん！

上野　私の頭の中には、「あの時あの場所であのヤローが私に何をした、何を言った」っていうリストがいっぱいある。「許せない！」っていう

＊**【銃後】**　戦場の後方。前線の戦闘に加わらない一般国民を指す。「銃後の妻」という言い回しは、戦地に夫を送り、家を守る妻の意味で使われた。

気持ちがいっぱいあります（笑）。フェミニズムは「わたし」から出発する。個人的なことは政治的なことだから！

ジーパンで性的主体性を取り戻した!?

上野　リブの女たちが両親のような男女関係は作りたくないって強く思っていても、女が自由にふるまえばふるまうほど、男につけ込まれる結果になってしまう。

田房　そうなんだ……つけ込まれるっていうのは？

上野　つまり、やらせてくれる女。

田房　ああー。

上野　セックスしても責任とらなくてすむし、自分は別なところで女を作って、卒業したら指導教官（大学学部あるいは大学院において卒業論文、修士論文、博士論文などの指導をする教員。当時、国立大学はまだ「教官」だった）を媒酌人にしてさっさと結婚する。そういう男が私の周りにもいた。あのヤロー、って言うと、男同士は「イヤ、アイツにも事情があって」ってかばうのね（笑）。

田房　あはは！

上野　というような中で、女の人たちはボロボロになっていったのよ。初期のリブの活動家たちって、男性の同志に裏切られた元女性活動家たちだった。その事情は日本だけじゃなくて、ヨーロッパでも、アメリカでも、世界的に似ていたわね。

田房　今でも分業はありますよね。

上野　そうだよねー。でも2015年の安保法案反対闘争の時に国会に集まった学生たちがいたでしょ？　SEALDs《シールズ》*の子たちに聞いたら、分業がまったくないとは言わないけど、かなり変わったってことがわかった。まずマイクを男の子と女の子が交互に持つでしょう？　昔は女の子は後衛部隊で、マイクを持って演説する女性はほとんどいなかったもの。女は圧倒的に少数派だから、目立つ。各党派ごとにマドンナがいるって感じ。

田房　露骨ですね！

上野　そういう野蛮な時代だったんです（笑）。

田房　当時マイクを持ちたい女はいなかったんですか？

上野　そういう女が「ゲバルト・ローザ」と呼ばれる。この命名自体にも揶揄があるよね。「女だてらに（女のくせに）」ゲバ棒を持って、男になり損ねた二流の男みたいな。戦力にならないのに、男並みを目指そうとする女だって。

田房　そういう空気、わかります。私たちが子どもの頃にもありました。そういう女をバカにする感じ。

上野　だから男並みになろうとする女は、それはそれでバカにされるのよ。

田房　じゃあもう何やっても……。

上野　何やってもよ。

田房　もうつらい！

＊【SEALDs】 Students Emergency Action for Liberal Democracy-s（自由と民主主義のための学生緊急行動）。2015–2016年、第三次安倍政権下の安全保障関連法案に反対するため国会前抗議活動やデモ、集会を行っていたグループ。10～20代のメンバーが中心になりSNSで抗議活動を拡散し、幅広い層に運動が広がっていった。

上野　それが今よりもっと露骨に態度に表れる時代でした。

田房　最近は「ビッチ」や「ヤリマン」といった言葉を、男が使う「誰でもやらせる女」という意味じゃなく、「セックスが好きでたくさんやりたい女」という意味で、女性が自称してるのもよく見かけます。

上野　ビッチはもとは蔑称だけど、リブの女たちは自分から「魔女」って名乗ったわね。あの頃、田中美津*さんたちが「魔女コンサート」をやってた。とはいえ、「私はヤリマンだ」って堂々と口にする雰囲気はなかったかな。

どうでもいいことだけど、思い出した！　あの頃、女の子たちがはじめてジーパン履いたことで、セックスに変化が起きた。

田房　へえ！

上野　ジーパンって今は当たり前のファッションでしょ。あの頃はズボン履いて学校行くと、「今日は何かあるの？」「デモに行くの？」って聞かれたのよ。女はスカートを履くのが当たり前で、ジーパン履いてきた女の子を教室に入れなかった教授がいたぐらい。

田房　えっ!?　なんで……!?

上野　神戸女学院のアメリカ人男性教授が、大阪大学で非常勤で教えた時の話。これには抗議の声が上がったけどね。

田房　しかもアメリカ人なんですね。

上野　ジーンズ発祥の国なのにね。でも神戸女学院はレディを育てる学校だもの。レディはジーパンなんか履いちゃいけないのよ（笑）。

＊**【田中美津】**　1943年-／鍼灸師／70年代ウーマンリブで活躍。学生運動の最中、バリケードの中の性差別を訴える「便所からの解放」というビラを配った「ぐるーぷ・闘うおんな」のメンバー。後にほかのグループと連携し、「リブ新宿センター」を設立した／『いのちの女たちへ　とり乱しウーマン・リブ論』『この星は、私の星じゃない』など。

田房　へー……。

上野　「へー」だよね（笑）。当時ジーパンって言えばローライズで、ぶっといベルトしてたの。そしたらさ、女の子がおもしろいこと言うのよ。「ジーパン履くようになってから、性的主体性ができたわ」って（笑）。

田房　どういうことですか？　ジーパンにそんな機能があった？

上野　ないよ、ないない（笑）！　なぜかって言うと、スカートだと手を突っ込まれて、いつのまにかなし崩しにセックスに持ち込まれるけど、ジーパンの場合、男が脱がせられないから、女が手伝ってやらないとできない。「ベルトはずそうとしてる間にふっと手が止まるようになった」っていうわけ。「ちゃんと選ぶようになった」って（笑）。それを「性的主体性」って呼んだのよ。

田房　女側が相手の男を選ぶ猶予の時間ができたってこと？　それまでなんだったんですか（笑）！

上野　なし崩しよ。その場の雰囲気に流されてなんとなくっていうね。雑魚寝《ざこね》したりするから。それを「性的主体性ができたわ」って表現する子が出てきて、超おかしかった！　それまでみんなスカートしか履いてなかったんだから。スカートってやっぱりすごく無防備だよね。そうそう、パンストが登場した時に、「パンストは昭和の貞操帯*」って呼ばれてたの、知ってる？

田房　え？　え？

上野　なんか今日は私、歴史の生き証人みたい（笑）。

田房　パンスト履いてるとすぐに脱がせられないから？

上野　女が自分から脱がないと、脱がせるのが難しいから。日本では、

＊【貞操帯】　19世紀に使われた女性の貞操を守るための器具。鉄製で鍵がついていた。

パンストは確かミニスカと同時に、68年に登場したはず。パンストなしにミニスカは普及しなかったと思う。

田房　今だとパンストって別の性的なイメージがあるかも。AVなんかでは「破るもの」みたいな、そういうジャンルもあるし。

上野　破るのは、パンストがうんと安くなったから。

田房　そっか！

上野　当時は破いたらもったいなかったもんね。テクノロジーの進化も関係あるのね（笑）。

A面とB面／市場と家族

田房　上野さん、れいわ新選組*ってどう思います？

上野　なんで急にそこに来る？

田房　私、すごい好きなんです。山本太郎が「国会でガチンコでケンカする」って言ってたじゃないですか。おもしろいなーって。修羅場を起こして、世の中を変えるっていう。

上野　彼は選挙戦の仕掛けを実にうまく作ったと思う。風も吹かせたし。障害のある議員たった二人で、国会が変わるものね。議場を大改造しなくちゃいけないし。

田房　鳥肌たちますよね。

上野　タネと仕掛けを作れば、これだけ変化が起こるんだって実感した。ALSの舩後靖彦さん、発言の時に文字盤を使うでしょう？

*【れいわ新選組】　2019年に設立された政党。代表は山本太郎。同年の参院選で筋萎縮性側索硬化症（ALS）患者の舩後靖彦、重度身体障害者の木村英子が比例区で当選した。

田房　歯でセンサーを噛んでパソコンに打ち込んでるのも見ました。

上野　あれで質問時間の制限がなくなるんじゃないかって思う。国会の質問時間って各政党ごとに割り当てが決まっているから、思うようなやりとりができなくて不自由。視覚障害者の受験生が試験時間の延長をしてもらえるように、時間配分にだって「合理的配慮」が必要。日本も障害者権利条約[*]を批准したことだし。

田房　舩後さんの文字盤を訳す人の言葉を待っている時の、あの静かな時間、すごいことが起こっていると思いました。

私、フェミニズムのことちゃんとわかってないけど、**社会にはＡ面とＢ面がある**と思うんです。政治経済とか、時間とか、雇用は社会のＡ面で、裏側のＢ面には生命とか、育児とか、介護とか、病気とか、障害とかがある。Ａ面は融通がきくけど、Ｂ面はかけがえのないもの、代えのきかないもの。Ａ面には男たちがいて、女たちも最初はこっちで暮らしてるんだけど、出産や育児にぶち当たった時、Ｂ面にぐーんって行かなきゃいけないんです。男性も病気や怪我で変わるけど、基本的にＡ面にずっといられる。女はＡ面とＢ面を行ったり来たりしなきゃいけなくて、たとえばＢ面の病院で「流産しそうだから休んでください」って言われて、Ａ面で会社と折り合いをつけるのに苦労したり。

上野　男の社会と女の社会をＡ面とＢ面って呼ぶあなたの言語表現力、すごいと思う。たんにふたつの面があるっていうだけじゃなくて、Ａ面に対してＢ面は裏側で、二流だっていう意味がすでに含まれている。「うまいこと言うなー」って、感心する。ところが、それと同じことを、フェミニズムはずーっと前にちゃんと説明してる（笑）！

＊**【障害者権利条約】**　障害者の権利に関する条約。障害がある人への差別撤廃や社会参加促進を目指し、2006年に国連総会で採択された。日本は2014年に批准、140ヵ国目の締結国となった。

上野の「公私の分離モデル」

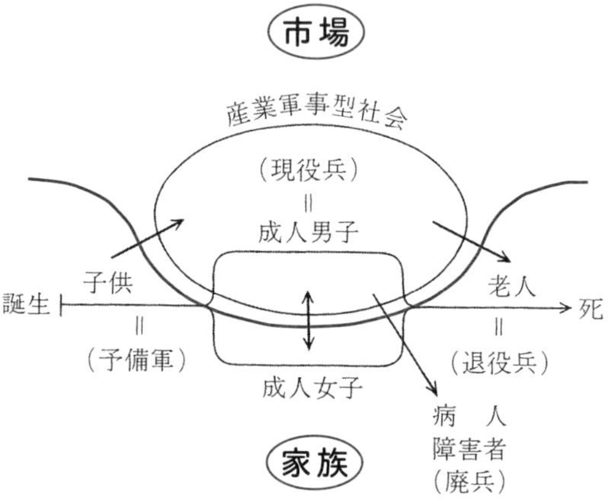

上野千鶴子『家父長制と資本制』（岩波書店）より

田房　きゃー！　そうなんですか?!

上野　だから、素晴らしい表現能力だなっていう感嘆の思いと、私たちが悪戦苦闘して獲得してきた概念や言語が次の世代にまったく伝わっていないという無念さと、両方感じるわね。

これが『家父長制と資本制』という私の著書の中で、私が書いたモデル。ここに成人男性が占める「市場」領域がある。その背後に、女と子どもと年寄りが含まれる「家族」という見えない領域がある。子どもの時はみんな「家族」の領域にいるんだけど、大人になったら男は「市場」に、女は「家族」の領域に複線化して人生コースが別れて、ジジババになったらまた一緒になる。

「市場」には産業軍事型社会の兵士たちがいて、そこで使い物にならない者たちは、「市場」の外に排除される。産業兵士予備軍の子どもと、

田房の「A面・B面」

退役兵であるジジイは、「市場」では役に立たないから家族というブラックボックスに押し込められ、女はここに置き去りにされている。女子どもとジジババだけじゃなく、病人や障害者もそう。これを「公私の分離モデル」とか「市場と家族の二元モデル」と呼んできた。女性学はそういう理論を延々と積み重ねてきた学問。その学問をまったく知らないあなたが、自力でA面とB面って言葉を編み出す！　そのことに驚嘆もするけど、悲しさもあるわね〜。

田房　今、合致しました！　何が言いたかったのかって言うと、たとえばワンオペ育児をしている妻と、「自分は働いていればいいんだ、育児なんかしない」と思ってる夫がいるとして、この妻が夫に育児を分担してもらおうとしたら、冷静に離婚を切り出して脅すとかブチ切れて泣き叫んだりとか妻が倒れてしまうとか、なんにしても「修羅場」が起きるしかないですよね。そうやって、Ｂ面側からＡ面との間の壁をドリルで開通することで、やっとＡ面にいる夫もＢ面との行き来をせざるを得なくなる。**Ｂ面からの何かしらの訴えがないと、Ａ面側からＢ面に働きかけるということはほとんどあり得ない。だってＡ面だけにいられるのは得だから。**山本太郎は、政治という場で、Ｂ面側からＡ面との壁をドリルで開通させようとしている、と思ったんです。

上野　おっしゃる通りです。

田房　て、だけです。れいわ新選組の話は（笑）。

上野　車椅子登院ができるなら、女もベビーバギー付きで子連れ登院とかすればいいのに。熊本市議会で議会に子連れ出席した女性議員*がバッシングされたでしょう。厳重注意を受けたのよ。あの時にほかの女性議員たちも、何が悪いんだって、もっとケツまくって、ノイズ立てるべきだったのよ。「だって預かってくれる人いないもん」「そんなら議会に保育所つくってくれる？」って。

障害者運動とフェミニズム。優生保護法改悪反対運動

田房　私にとってはフェミニズムってＢ面の話なんですよ。

上野　その通りです。

田房　フェミニズム自体がＢ面のものっていうか。ただ、れいわ新選組

が登場した時期に世間が上野さんの東大祝辞[*]に反応したってことを考えると、B面にA面が近づいたんじゃないかって思うんです。「これは大事にしなきゃいけないことなんだ」って気づいたんじゃないでしょうか。

上野　そうだとすれば、この半世紀ほどの運動の蓄積のおかげだと思う。私たちは私たちで女性運動をやってきたけど、一方で障害者の人たちも運動を続けてきたから。ラッシュアワーの電車やバスに、わざわざ車椅子で乗り込むアクションをしたり、駅員に「階段の上に上げろ」と要求したり。今はほとんどの駅にエレベーターがついているけど、それだって彼らの運動の成果。罵倒され、いやがられても、自分たちの自立と権利を求めて闘ったから。それなのにそんなことなかったみたいに、健康な人たちがわがもの顔でエレベーターを占領して、体が不自由な人を追い出す始末。かつてそういう人たちを罵倒したかもしれない人が、恩恵を被ってる。

田房　すごく健康そうな若者とかも乗ってますよね。お腹が大きくて速く歩けない妊婦の私を走って追い越して乗っていったビール片手のサラリーマンと大学生、今も許せないですよ。

上野　この人たちのやってきたことってほんとうにすごい。

田房　障害者の人の運動って、LGBT[*]の人たちの運動も関係してますよね。

＊**【熊本市議会で～】**　2017年、緒方夕佳議員が生後７ヵ月の子を抱いて議場に着席していたが、議長や事務局が制止。事前に議会に諮らず開会を40分遅らせたとして、議長から文書で厳重注意を受けた。

＊**【上野さんの東大祝辞】**　平成31年度（2019年度）東京大学学部入学式の上野千鶴子による祝辞。前年に明らかになった東京医科大入試における女性差別や東大生による性暴力事件に触れながら、女子学生の置かれた現実について述べ、話題を呼んだ。「フェミニズムはけっして女も男のようにふるまいたいとか、弱者が強者になりたいという思想ではありません。フェミニズムは弱者が弱者のままで尊重されることを求める思想です」東京大学HPで全文が読める。
参考：「平成31年度東京大学学部入学式　祝辞」https://www.u-tokyo.ac.jp/ja/about/president/b_message31_03.html

上野　そうそう。いやがらせされながら、そしていやがらせしながら、やってきたことの蓄積よね。それがやっと日の目を見るようになった。

田房　障害者の人たちと、LGBT の人たちと、フェミニストの運動が、一緒になって大きく動きだしている感じがするんです。

上野　そんな風に受けとってもらえるとうれしいな。私は「当事者運動*」って呼んでます。今こそ様々な当事者運動が大きく合流してる感じがする。なぜかっていうと、これまでマイノリティ同士って仲が悪かったから（笑）。

田房　そうなんですか？

上野　マイノリティが連帯するのって簡単ではない。なぜってマイノリティはほかのマイノリティを差別するから。女は障害者を差別するし、障害者は女を差別する。だけど、同じ時期に同じような問題を抱えて、同時並行で走ってきたってことがわかってきたので、いろいろな当事者運動がつながってきたのね。

田房　へえー。ぜんぜん知らなかったです……。

上野　女と障害者が対立したのは 1972 年。優生保護法改悪に反対する女性の運動*が、障害者運動から批判された。改正案は「経済的理由による中絶の禁止」「障害のある胎児の中絶合法化」「初回分娩時期を国が指

---

*【LGBT】　L はレズビアン（女性同性愛者）、G はゲイ（男性同性愛者）、B はバイセクシュアル（両性愛者）、T はトランスジェンダー（性別越境者）の頭文字。性的マジョリティから見た性的マイノリティの総称。

*【当事者運動】　資格や権威を持つ専門家ではなく、問題の当事者による運動。「当事者主権の要求、『私のことは私が決める』というもっとも基本的なことを、社会的な弱者と言われる人々は奪われてきた。それらの人々とは、女性、高齢者、障害者、子ども、性的少数者、患者、精神障害者、不登校者、などなどの人々である。この社会のしくみにうまく適応できないために『問題がある』と考えられ、その処遇を自分以外の人々によって決められてきた人々が、声をあげ始めた」　参考：中西正司・上野千鶴子『当事者主権』（岩波新書、2003 年）

導する」という内容だった。

女たちは「産む産まないは私が決める」と言って闘ったけど、障害者の人たちは「障害を持った子どもを産まないための法律だ」って批判した。田中美津さんはその時、「中絶は女の権利」とは言わずに「私は子殺しの女だ」って言ったのよ。「社会が障害者と女を対立させる構造を作っている」って主張して、障害児殺しをしなくちゃいけないほど母親を追いつめるのは何もかもＢ面に押し付けた世間なんだ、女と障害者を殺し殺される関係に置いてしまうような構造の中に私たちはいる。そうやって共通の敵を捉えて、はじめて共闘できるのよ。

私が中西正司さんと共著で『当事者主権』って本を書いたのは2000年代になってからだけど、共著者の中西さんは障害者自立運動のカリスマ的リーダー。話してみたら目から鱗で感動したの。同じ時期に同じことをやってきたんだって。**女性運動も障害者運動も「当事者運動」だった。**その流れに性的マイノリティやハンセン病患者さんなどが加わって、ようやく共闘できるようになってきたかな。

田房　そうだったのか……。

上野　でもね、少数派っていうのは少数であればあるほど孤立するし、差別し合うのよ。障害者の中でも視覚障害、身体障害、精神障害、知的障害って、いろいろ種類があるけど、必ずしも共闘できるわけじゃない。私は今、高齢者ケアの研究をやってるけど、高齢者ってみんな中途障害

＊**【優生保護法改悪に反対する女性の運動】**　1972年の優生保護法改正案に対する反対運動。改正内容は１．人工妊娠中絶の要件から「経済的理由」を削除する、２．障害をもつ胎児を排除する「胎児条項」を導入する、３．優生保護相談所が初回分娩の時期を指導する、の３点。事実上の中絶禁止であったことからウーマンリブの側から反対運動が起こる。また障害者団体からは「障害者なら死んでもいいのか」と抗議の声があがった。改正案は72年に審議未了で廃案になったが73年に再上程、74年に再び廃案になった。　参考：SOSHIREN女（わたし）のからだからHP

者*みたいなもんなんだよね。難聴になる、目が見えなくなる、半身麻痺になる、言語障害になる、み～んな中途障害者になる。一定の障害が半年以上固定すれば障害者手帳*をもらう資格ができる。そうすれば障害年金ももらえるし、障害者総合支援法のもとで支援費も使える。介護保険よりサービスの質も量もいいしね。だから、「高齢者になって障害が固定したら、みんな一緒に障害者手帳を申請する運動をやろう」って中西さんと話してた。**ところが障害者手帳なんて申請したくないって抵抗するのが、高齢者本人とその家族。**自分を障害者だって認めたくないから。もらった方が有利なのに。なぜか？　そ

*【中途障害者】 先天性の障害者とは異なり、事故や病気によって障害者となった人。
*【障害者手帳】 障害がある人が取得できる手帳で、取得すると支援やサービスが受けられる。身体障害者手帳・精神障害者保健福祉手帳・療育手帳があり、申請条件や支援内容は自治体によって違う。

れまでさんざん障害者を差別してきたから。あの人たちと同じにされたくないって。

働く女と専業主婦の分断は誰のせい？

田房　同じようなことが女性の間にもありますよね。本人たちにそんなつもりはなくても、女同士の対立の構図に持ち込まれることがけっこうある。働くお母さんと専業主婦とか、既婚者とシングルとか、子持ちと子なしとか。

上野　うん。でも働く女と専業主婦の対立の内容は、昔とは変わってるんじゃない？　私たちが40代の頃はまだ、「女が働いて生きることは惨めなこと」っていう価値観があったけど、最近は違うでしょ？

田房　先ほども少し話したんですが、私が一人目の子どもを産んだのが７年前（2012年）で、その時に「保育園に入りたがる人はかわいそうな人」って言う人がいてびっくりしたんです。「旦那さんの給料が少ないから、仕方なく働くんでしょう？」みたいな。でも５年ぶり（2017年）に二人目を出産したら、そういう空気を感じなくなってたんです。この５年で日本も激しく変わったんだと思います。

上野　まったくその通りです。

田房　急速に変わった気がします。今はむしろ専業主婦の人の方が肩身狭そうにしてることもあって。

上野　主婦であることが前よりもきつくなったのは、主婦じゃない女が増えたから。キャリアウーマンも増えたでしょう。彼女たちは40代になればそこそこの役職について、年収数百万円稼いで、シュッとした格好して肩で風切って歩いてる。比べてしまうよね。周りがみんな専業主婦だった時代とは違う。主婦の人たちの相対的剥奪感*、「なんでこんなワリの悪い目に遭わなきゃならないの」っていう気分が、私たちの時代よりも強くなってるんじゃないかな。

田房　確かに、収入差や自由に使える金額の差はすごいあると思います。

上野　私たちの世代は早婚早産だったから、40代になると子育てが終わる。子育て期が終わると、女って何かしたくなるじゃん。ところが社会的な受け皿がなんにもない。パートも今ほどなかったし、自分でやることを作るしかなかったのよ。それで「活動専業・主婦」って呼ばれる人たちが出てきたの。家事を専業でやる主婦ではなく、活動を専業でやる主婦っていう意味ね。そういう人たちが層として現れた時期があって、カルチャーとか、環境保護とか、食品安全とか、生協活動とかに参加していった。

田房　宗教にいく人もいましたか？

上野　いたいた。おっしゃる通り。私たちのライバルは創価学会だったもん。

田房　取り合いってことですか？

上野　うん。同じ層を取り合うのよ（笑）。

田房　おもしろーい！　それは今とぜんぜん違いますね。

上野　今はその気になったら受け皿がいくらでもあるでしょう。働き口もその気になれば見つかるし。

田房　確かにSNSもYouTubeも手軽にできるから、アイディア次第

---

*【**相対的剥奪感**】 他人にあるものが自分にはないという主観的な不満・欠乏の気持ち。

で夢は無限大みたいな感じはありますね。

上野　私は活動専業・主婦の人たちとつきあいが広いの。地域にネットワークがあったから。彼女たちはものすごい潜在能力を持っていて、「この人が働いてたら、夫より出世してたんじゃないの」っていうようなブリリアントな人がいっぱいいる。

田房　わかります。正直、同世代の家事とか育児をやってない男の人と仕事の話をしててもぜんぜんおもしろくないんですよ（笑）。同世代の女の人の話のおもしろさがすごすぎて！

上野　それはみんな感じてる。女の方が生活経験の幅が広いもの。

「活動専業・主婦」たちの闘い方

田房　活動専業・主婦の人たちの活動もフェミニズムなんでしょうか？

上野　「草の根フェミニズム」の流れがあって、80年代以降、日本でもおびただしい数の女の人たちが様々な活動をしてきたの。共同保育[*]の場を作ったり、学習会や読書会をやったり、地域で助け合い活動をやったり。でも彼女たちは自分をフェミニストと呼ばなかったかもしれないね。活動専業・主婦の典型は生協の組合員。あの人たちは夫の安定した収入

＊**【共同保育】**　乳幼児のいる保護者などが集まり、共同で保育をすること。公共施設化されなかった時期の無認可共同保育所を指す場合と、自律的な共同体としての保育の場を指す場合がある。50年代半ば頃には婦人運動の中で主に母親たちが保育所づくりと運営を行った。また70年代にはウーマンリブの流れの中で生まれた「東京こむうぬ」や「たつのこ共同保育所」といった共同保育の試みが起こる。現在でも東京都を中心に、各地に自主保育グループがある。

と時間があるから活動ができる。取り組む問題の多くは食の安全とか子育てのこと。だから主婦連と母親大会の延長で、フェミニズムからは距離があった。フェミはどっちかと言うと働く女たち。活動専業・主婦を半ば敬遠して、半ば差別してた。だからそこには微妙な関係があるんだけど。

田房　働く女と主婦の対立？

上野　でもね、人は変わるの。主婦たちは活動の中でリーダーシップを身につける。力を蓄える。そのうち自分のやってることを金に換え始める。すると、夫に「家事の支障にならない程度なら何をやってもいい」って許可されていたのに、その域を越え始めるわけ。そうしたら今度は夫との葛藤が始まる。すると夫も本人も変わっていかざるを得ない。というようなことがあって、生協活動から育っていったフェミニストたちがたくさんいますね。

田房　金ってやっぱりすごいですね。**金の力って、自信と直結してる気がする。**

上野　ああ、そうね！

田房　夫と対決できるアイテムみたいな。

上野　うんうんうん。金って社会的評価が目に見えるものなのよね。いくら活動しても、持ち出しの間は社会的評価にならないからね。

田房　どうやってお金に換えるんですか？

上野　たとえば、まずバザーや映画会をやって金を作る。次にリサイクルショップを始める。最初は半年に一回とか月に一回だったのが、軌道に乗って常設になる。

田房　すごい！　今で言うメルカリだ。

上野　趣味じゃなくなっちゃうの。地域に張り巡らしたネットワークがあるから、リサイクルがうまく回るわけ。「使い捨て社会に対抗する」

みたいな大義名分もあるし。

田房　エコロジー！

上野　そうやってどんどん自信つけていくの。90年代あたりから高齢化が進むと、今度は有償で助け合いサービスを始める。介護保険より前に、そういう女の人たちのネットワークがたくさんできていたのよ。**自分の家で年寄りを介護したらタダ働きだけど、他人の家で他人の親を介護したら金になる（笑）。**そういうことを学んでいくの。スキルも、経営のノウハウも身につけて、積み重なってきたところに介護保険が登場する。その時点でゼロからのスタートじゃなかったわけ。この人たちは介護保険に参入して、起業したのよ。だからこの頃に女の起業家が山のように生まれたってわけ。これをフェミニズムと呼ぶかはともかく、こういう女の闘い方もあるんだよね。

田房　すてき！　言われてみたら、そういうお母さんたちがいっぱいいた気がします。私たち世代はそういう女性を見て育ってるから、働くことがふつうだって思えるようになったのかも。

上野　ほんとに力がある女の人たちがいっぱいいたね。つくづく思ったわよ。日本の女たちはこんなに有能で、こんなにエネルギーがあるのに、無位無冠（特別な地位も肩書きもないこと）だって。

田房　ほんとに！

上野　なんの肩書きもない。だから私は主婦をバカにしたことは一度もないです。

幼保無償化は女を分断する

田房　ただやっぱり、今でも働く主婦と専業主婦の対立があるんです。

上野　貨幣という評価、市場の評価があるかどうかの違いよね。対立というより分断かもしれない。

田房　それなんです！　働く主婦と専業主婦の分断だけじゃなくて、保育園に入園できるママとできないママがいて、そこでも分断が起きちゃう。入園できるかできないかは自治体が決めた審査基準とか各保育園の事情で決まるから、ママ同士の対立じゃないのに、入園できなくて仕事を辞める人がいたり、入園できなかった人が卑屈な感じになったり、逆に入園できた側が負い目を感じたり。ママたちのニーズに合わせて保育園を作らない国が起こしてる分断じゃないですか？

上野　そりゃそうだよね。

田房　そのうえ2019年10月から幼児教育・保育の無償化＊が開始して、ますます溝が広がっちゃうと思ってます。まず、「妻が働きたくても保育園に入園できないから専業主婦になった家庭」と、「共働きで保育園もタダになる家庭」での、所得格差がさらに広がる。それから設備も保育の質も整っている認可保育園が全額無償で、認可外保育園が一部補償だったり。同じ年代の子どもを持つ母親同士だし、ほんとうは仲間のはずなのに、分断されてつながれないようにされてるんです。ほんとひど

＊**【幼児教育・保育の無償化】**　2019年10月から始まった、幼稚園、保育所、認定こども園などを利用する3歳から5歳児クラスの子どもたち、住民税非課税世帯の0歳から2歳児クラスまでの子どもたちの利用料が無料になる施策（新制度未移行の幼稚園、認可外保育園は保育料の補助のみ）。便乗して保育料を値上げした園がある、園の規模が小さいなどの理由で対象外となる園児がいるなど問題点が明らかになってきている。

すぎる。

上野　そういう声を上げる人はいないの？

田房　声を上げなきゃって思うんだけど、私は無料になる側なんです。月に数万円も無料になるから、めちゃくちゃ言いづらいです。まさに「得なＡ面」と「そうじゃないＢ面」にいきなり分けられる感じ。「じゃあ有料に戻します」って言われたら「え〜……」って絶対思っちゃいます私。

上野　それがまさに分断の構造よね。「無償化の予算を保育園の増設に充てろ」って要求する運動がなんで起こらないんだろう。政治的な求心力をなぜ持たない？

田房　まったくないです。みんなツイッターで口々につぶやいて、「いいね！」押しておしまい。それで解消できちゃうのかもしれません。気がすんじゃうっていうか。やらなきゃいけないって思っても、安倍政権を見てるとムダな気がしてしまう。どうせ私たちの声なんか聞いてくれないから。運動の成功体験がないってことも大きいのかも……。

上野　そうだね。ノウハウも成功体験もない。伝承されてないから、自力でゼロから考えなきゃいけないでしょ。田房さんが自前でＡ面Ｂ面って言葉を得たのはすごいことだけど、「巨人の肩に乗って見る」っていうこともあるのよ。高い所から見たら遠くまで見えるでしょう。なにもゼロから出発しなくても、前の人の肩に乗って見れば、もっと遠くまで見られるのに。私たちだって、前の世代のおネエさんたちの恩恵を受けてやってきたの。だから次の世代に私たちの経験が伝承できていないことが情けないし、あなたたちがゼロから始めないでもすめばいいのにって思う。

田房　確かに。

上野　デモや集会をするためのノウハウだってたくさんあるのに、誰も聞きにこない（笑）。

田房　どうやったらいいんですか？　たとえば無償化について、何からやればいいのかわからないんです。

上野　たとえば各政党に「予算の使い方が間違っているから、保育園全入を先にやってほしい」って質問の文書を送って、イエスかノーかを言わせる。イエスと言った政党しか支持しないって表明してさ。そうやって政治をコントロールするのよ。この夏の参院選はいいタイミングだったんだけど、終わっちゃったね。すべての候補者に質問状を出して、ネット使って公開したり。それで踏み絵を踏ませるの。公開討論会をやるとか、色んなことができるはず。それをネットで中継してもいいし。

田房　そうか！　そうなのか！

上野　今は保育が必要だって認められた児童しか入れないでしょう。「仕事のない母親の子どもでも入れるようにしろ、同じ予算使うならこっちが先でしょ」って、なんで子育て世代が言わないのかしら。

田房　ほんとに、その通りなんです。

上野　「保育園落ちた日本死ね!!!」って、発端はただのブログだったんだよね。それを山尾志桜里[*]議員が国会に持って行ったら、安倍晋三が「匿名である以上、本当に起こっているか、確認しようがない」って答弁した。すると今度は「保育園落ちたの私だ」ってプラカードを持ったママとパパが国会前で抗議をして、その様子がメディアで報道された。集まった人数は数十人でも、絵になるシーンが作れれば、政治や世論を

＊**【山尾志桜里】**　1974年-／立憲民主党所属の衆議院議員／匿名ブログ「保育園落ちた日本死ね!!!」（p.023注釈参照）が社会問題になった際、国会で待機児童問題を追及した。

＊**【フラワーデモ】**　性暴力への抗議デモ。複数の性犯罪の判決（p.177参照）に対して怒りや疑問の声が高まり、2019年4月に東京行幸通りで行われたデモが発端。以降、全国各地に広がり、継続的に行われている（2019年12月現在）。

動かすことができるんだよね。そういう仕掛けを作ればいいのに、なんでそれをしないんだろう。

田房　思いつかないし、やっていいと思ってないのかも。

上野　うーん。今拡がってるのは性暴力に反対するフラワーデモ[*]。

田房　そうですね。私も最初は参加してたんですが、行かなくなってしまいました。個人的にデモというものに向いてない気がして……。

上野　向いてる人なんていないよ！

田房　えっ、そうなんですか？　外で集まるっていうのがどうも苦手で……。仕事場で漫画描いたり自分のことしていたいなって思っちゃうんです。

上野　当たり前よ、そんなの！

田房　あ、みんなそうなんですね、そりゃそうか（笑）。今はデモに直接参加しないでも、応援する方法はないかなって考えてるんです。

上野　だったら自分の得意分野でやったらいいのよ。漫画描けばいい。

田房　そうなんです。そっちの方でがんばります。一方で「幼児教育・保育の無償化」とか「性暴力の問題、性犯罪の意味不明な判決」に対して、黙ってちゃいけないって気持ちもある。でも自分は呼びかけることはできても、運動を最後までやる自信がない。そういう気持ちの葛藤があります。

上野　いいのよ、それで。**誰かが石を投げなきゃ波は起こらない。それで波が起これば、後は波を受けた人がそれぞれの分野で受け止めていけばいい。**

田房　そっか……いいんだ。波を起こさないと、これは。この「幼児教育・保育の無償化」は絶対におかしいんです。無料になる人と、無料にならない人がいるっていうのは、絶対におかしい。

上野　見方によっては、女性を分断して、両方の声を抑えるやり方だよね。政治家ってものすごく狡猾だから。

田房　ほんとうにその通りなんです。実はめちゃくちゃな意地悪をされてる気がする。多分、気のせいじゃなくて、ほんとにそうなんです。

上野　しかも国民の税金使ってさ、いやらしいやり方よ。政治家は、与党も野党もジェンダー関連の政策の優先順位が低いよね。

田房　ほんとに！

上野　優先度を上げさせるためには、踏み絵を踏ませるのがいいのよ。私たちWAN[*]も候補者男女均等法[*]の時にデータをアップしたけど、動いたのは10人ぐらいの小さなチームだった。

田房　何をやったんですか？

上野　2019年夏の参院選で各政党の候補者の男女比率を公開して、見える化したの。その前年に国会で候補者男女均等法が全会派満場一致で可決したから、その効果があるかないかってね。マスメディアはこの問題にはあまり関心を示さなかったから、私たちがやらなくちゃって。その前にも、2012年の衆院選の時に、全政党にアンケートを送って公表したの。「私たちはジェンダー平等政策を求めます」として、アンケート項目を作って回答を公開したら、各政党の温度差がくっきり見えた。

---

*【**WAN**】　上野千鶴子が理事長を務める「認定NPO法人ウィメンズアクションネットワーク」の略称。男女共同参画社会実現に寄与することを目的として、女性の情報や活動の相互交流の場を提供し、女性のネットワークの構築と、女性のエンパワーメントに寄与する事業を行う。

*【**候補者男女均等法**】　正式名は「政治分野における男女共同参画推進法」。選挙で男女の候補者数をできる限り均等にするよう政党に求める法律。罰則規定なし。2018年に国会で全会一致で可決、成立したが、成立後初の国政選挙となった2019年7月の参院選では、女性候補者は全体の28％にとどまった。女性候補者／全候補者数の割合の高い順から見ると、社民党（71％）、共産党（55％）、立民党（45％）、幸福実現党（42％）と続く。ほかの9党はクリアできず。最大与党の自民党に至っては15％である。　参考：WAN HP　https://wan.or.jp/article/show/8463

ネットだと個人の思いつきでも、情報発信するハードルが低くなる。WANを活用してほしいわね。せっかくこんなサイト、がんばってつくったんだから。**言わなきゃ変わんないよ。言ったって変わんないのに。**

田房　そうですよね。小さくても石を投げて、もうちょっと大きな声にしていきたいです！

2章を終えて 田房

女の選択肢は
増えたけど
働く
結婚
仕事に集中できるようにいい奥さんもらえよ
早く結婚して落ちつけよー
男は家族を養うもの
仕事仕事
男たちの育てられ方は変わらず……なので
結婚・出産すると
一気にそのギャップが
表面化する
それが
私たちの世代
え？なんで俺が保育園探さなきゃいけないの？
仕事
産後の体
保育園探し
家事
復職
雑務
育児
ママ友つきあい
働きたいのは自分でしょ？
働くのはいいけど家事はちゃんとやってね

第3章

結婚・恋愛・子育てについて真剣に考えてみる

戦場を日常に移した女たち

田房　フェミニズムのイメージは「女性が社会で活躍するための権利を獲得する運動」という側面が強いと思いますが、結婚とか恋愛といったプライベートな場でフェミニストでいることは可能なんでしょうか？

上野　すでにお話ししたとおり、私たちの世代では結婚しない女はごくわずかで、まして非婚の母になる選択肢はほとんどありませんでした。周囲からものすごいバッシングを受けるし、ハードルも高かった。だから妊娠した女のほとんどが結婚になだれ込んだのよ。そうやって結婚したリブの女やフェミニストを見てると、夫とすごく葛藤してる。私たちはそれを**「戦場を非日常から日常に移した」**って言ってた。革命って非日常じゃん。男はそういうのに酔いしれるんだけど、それにはとことん敗北した。その後、女のところに戻って、つがいになって家庭を作って、すぐに子どもが産まれる。あの当時は社会からの育児支援もほとんどないし、なにしろ地方から出てきた息子や娘たちだから、祖母力が使えない。都会で若い無知な男女が共同生活をやって、必死になって子育てと暮らしを立てた。当時の女は、そんな中で夫に対して「おまえはいったい私と子どもにどう向き合うんだ」って迫る、命がけの闘いをやってたの。周りの女たちの間で**「一人一殺」**って言葉が流行ったぐらい（笑）。

田房　一人の妻が自分の夫を、殺す覚悟で……！

上野　もともとは戦前の右翼テロリストが使った言葉なんだけど、「社会を変える革命には失敗したけど、自分の全生涯をかけて、せめて男一人ぐらいは変えようよ」っていう意味で使ってた。

田房　その感覚、現代の妻たちにはあまりない気がします。

上野　私は、それが理解できない。

田房　私が母親になったばかりの頃、育児雑誌では「何もしない夫のことは犬と思いましょう」っていうのが流行ってました。私たちの世代って、「女は男に対して大人しくしてなきゃいけない」って空気があります。復活させたいです。「一人一殺」の概念を。

上野　**恋愛にしてもセックスにしても、「相手に踏み込んで自我の境界を壊していく」ってことを真面目にやってないんじゃないかしら。**女も男も、自分の人生に相手を巻き込んだり、相手の人生に巻き込まれていくのが恋愛や結婚。そういうことを真剣にやってないように見えるのよ。相手に踏み込むような人間関係を作らない、持たない、避ける、そういう育ち方をあなたたちから下の世代はしてきちゃってるのかな。

田房　してる、と思います。

上野　そう考えると、あなたは同世代の中では、夫との向き合い方がレアだよね。真剣勝負だもの。私たちの世代の女はね、男を追いつめたの。追いつめて、追いつめて、追いつめぬいたの。たとえば保育園のお迎えでも、「なんで私が行かなきゃいけないのか」「なんであなたは休めないのか」って問いつめる。食事ひとつとっても、「誰が作るのか」「私を飯炊きババアだと思ってないか」「おまえはいったい何者なんだ」、そういうふうに突きつけてきたわけよ。

田房　一個一個問いつめるんですね（笑）。私もそうした方がいいと思うんです。

上野　団塊男って古い世代に育てられてるから、たとえ頭がリベラルだとしても体が動かないのよ。家事・育児は女がするもんだって身体的に思い込んでる。そういう男と対峙して、追いつめて逃がさなかった女の人を、私は何人も知ってる。

中でもほんとによくやったなって思う女性がいて、好きな男と同棲して、子どもがほしくて出産して、それで3ヵ月母子だけで過ごしたある日、会社に行く夫の足にしがみついて、「行くなー！　私と子どもを殺す気か！」って叫んだんだって。その時、もし男が「わかった。仕事から帰ってから話そうね」って言ってたら、そこで終わりだったと思うよ。でもその男は足を止めて、会社を休んで彼女と向きあった。

田房　えらい。

上野　でしょ？　会社休んでとことん話し合った結果、彼はその会社を辞めて、もっと時間の余裕のある仕事に就いたの。後で彼女は、「収入は減ったけど、関係はよくなったわ」ってカラカラ笑ってた。そういう男がいたし、そういうことを男に迫る女がいたのよ。

「一人一殺」。
家庭から社会を変える！

田房　私、『キレる私をやめたい』って本を描いてから、「DV妻」として紹介されることがあるんです。キレたり、大きな声を出したり、殴ったりっていう暴力的な行動はもちろんDVのカテゴリーに入るんですけど、**女性が産後、男に対して怒るっていうことは命の問題**なんです。こういうことを言うと、「自己正当化している」とバッシングされるのでとても言いづらいんですが、今日は言います（笑）。妻は妊娠したらB面とA面を行き来しなきゃいけなくなるんですが、夫はたまにB面をチラ見するくらいでA面にずっといられるんですね。子どもが産まれてしまうと、妻はがっつりB面にいなきゃならなくなるから、今度は夫にＢ面とＡ面の行き来をしてもらわないと大変なんです。妻がＡ面に行かなきゃいけない時は、夫がＢ面にいてくれなきゃ回らない。だけど夫にはそれがわからないから、たまにＢ面に来ておむつ換えとかするだけですごくやった気になってるんですね。しかも男の人は、おむつ換えすらやりたくなかったらバッと手を離して「後はやっておいてね」って態度をとることができるんですよ。ただ彼らに悪意はなくて、自然とそういうふうになっちゃうんです。

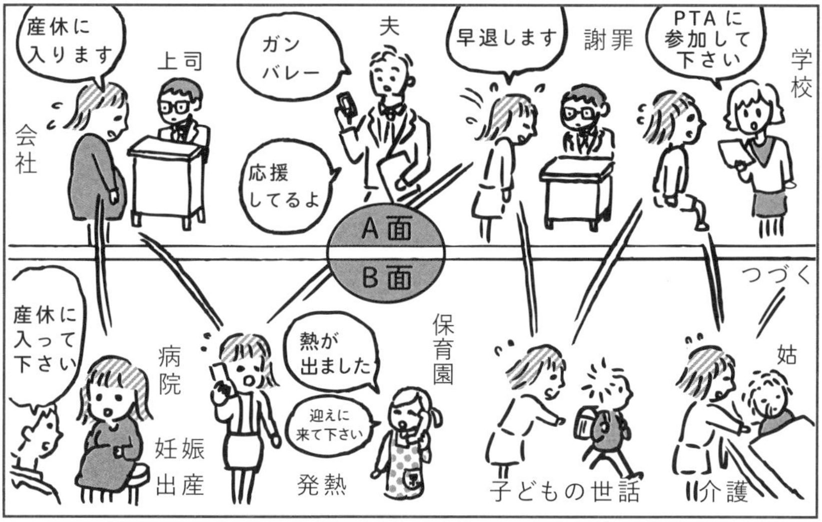

上野　そうなんだよ。悪意がないの。身体化してるから。

田房　産後の妻は夫の背景にそういうずるさを見ながら子育てしてるんです。でも自分でそれが言語化できないくらい疲弊してるから、キレて抗議するしかできない。そういう行為と、男性が女性を暴力という恐怖で言いなりにするDVが同じ言葉でいいのかってすごい思うんです。

上野　「女も暴力の加害者になるんだ」って捉え方をする人はいるだろ

うね。

田房　めちゃくちゃ叩かれました。

上野　男メディアに？

田房　男女問わず。

上野　あなたの本をちゃんと読んだらわかるのにね。

田房　タイトルだけで「こんなのダメ」って反発する人もいました。でもほんとは、女の人の暴力についてもちゃんと解剖していかなきゃだめなんです。そうじゃないと子どもに絶対いくから。

上野　そうね。確かにそう。

田房　社会全体で取り組まなきゃいけないんです。みんなで話し合わなきゃいけないのにそれをほったらかして、いざメディアに取りあげられるってなったら「DV 妻」とか「キレる妻の心の闇」とか。私もそういう取材を断れなくて。

上野　男が逃げ隠れしてるってことよ。田房さんの夫があなたの暴力に耐えたってことは、逃げ隠れしなかったってこと。

田房　そうですね。あと、物理的にたいしたことなかったんだと思います。ぜんぜん逃げるほどの暴力じゃないんですよ、彼らにとっては。たいていの夫婦は夫の方が体格的に有利じゃないですか。

上野　ペットがじゃれて噛みつくみたいなものか。たいしたことなかったとしても、暴力から逃げなかったというのは、それだけでなく妻の暴力にもっと大きな暴力で応じなかったというのは（そうしようと思えばできたのに）、あなたの夫は妻が訴えようとしてることを、逃げないで受けとめようとしたんですよね。

田房　そうですね、「こんだけ怒ってるんだから、なんかあるんだろうな」みたいな感じでした。余裕があるんですよ、向こうは。肩にグーパンチではビクともしなくて、家出してやっと「そんなに怒ってるならどうにかしないと」と思ってくれるという感じでした。こっちは死ぬか生きるかなのに。母親と娘の関係と同じです。夫婦の問題はふたりで取り組んで解決しなきゃいけないプライベートな問題だけど、同時にジェンダーやセクシュアリティが関わる社会の問題じゃないですか。だから**夫に訴えるっていうのは、男社会に訴えるのと同じ**だと思うんです。

上野　そうなんです。夫の背後に男社会の既得権益*があって、妻はそれに対して不平等だと訴えている。もう一人、この人もよくやったなって思う女がいるんだけど、彼女は夫を問いつめて、問いつめて、とうとう「ボクが責任をとれないことで、ボクを責めないでくれ」って言わせたの。彼に仕事があって、彼女に仕事がない。彼の給料が高くて、たとえ働いたとしても彼女の給料は安い。そういう格差は彼の責任ではないわけよね。男にそこまで言わせたの。「言わせたあんたはえらい！」って思った。彼のこのセリフは、その背後にある男社会の既得権益が浮かび上がってきたってことだから。

田房　母から娘に暴力やハラスメントが連鎖するように、夫というか男性は社会から暴力を受けていて、それが妻や子どもに連鎖してるんじゃないでしょうか。だから妻の側から見ると、夫への怒りは、男という性別全員とか男社会へのそれが大いに混ざっている。だけど実際に責められるのは夫一人なんです。そこは混ぜちゃいけないのかなって。

上野　だけど、混じりあってしまうのが男女関係だから。だからリブの標語のとおり、「個人的なことは政治的」なんです。政治は個人の間の関係のうちに表れる。

＊【既得権益】　ある社会的集団が歴史的経緯により維持している権利、およびそれに付随する利益。

田房　私の感覚だと、家事育児に参加させるために夫をひれ伏させるような行動は、夫婦の間でいったん男性社会を潰すってことと同じなんです。やっぱり家庭内で一個ずつ潰していかないと変わらないから。

上野　もちろんです。そうしない限り変わらない。だから「一人一殺」なのよ（笑）。

田房　この言葉、復活させた方がいいですよね（笑）。

上野　もとはテロリストの言葉よ（笑）。だけど、そうやって夫を追いつめる中で女も変わるし、相手にも変わってもらわなきゃいけない。変わってもらうためには、互いを逃がさない関係を作らなきゃいけない。逃がさない関係は女が作ってるのよ。男はすぐ逃げるから。
最初に話した友人の場合、男が「じゃあ、帰ってきてから話し合おう」って言った瞬間に、関係はアウトになる。アウトにさせるような迫力を女が持ってるから。その瞬間に男を逃がしたら、チャンスは訪れないのよ。子育てって女が一番テンパってる時でしょう。その時に夫が逃げ隠れすれば、不平不満は、おなかに溜まる。それを今の人はSNSでガス抜きしちゃう。そうしたら夫婦の関係は修復できなくなるでしょう。

男が自発的に変わらないのは「男ボーナス」があるから

田房　私の周りにいる子育て世代の男性で、当然のように家事育児をする人たちは、だいたい妻がガンガンに言ってるんです。家事育児をする男性は昔よりぜんぜん多いと思うけど、そういう働きかけなしに自分からやる夫はほとんどいないと思う。

上野　私もそう思う。男を変えるのは女しかいないのよ。女に言われないと男は変わらない。絶対に変わらない。

田房　絶対にそう！

上野　自発的には変わらない。

田房　やっぱり男の人が自発的に変わるのは無理なんですね。

上野　経験則ではほぼない！　世の中には、論理的には存在するが、経験的には存在しないものっていうのがあるの。そりゃ論理的にはあり得ますけど。

田房　幻の男（笑）。男が家事育児をやらなくてすむのは、さっき上野さんがおっしゃった通り既得権益みたいなものだと思うんです。社会からもらった「男ボーナス」だから、どうしたって手放そうとしなくて。だからそことの闘いなんですよね。男ボーナスを手放させるかどうかみたいな。そのためにはこっちも死にものぐるいじゃないと。

得してる側に自ら手放させるのは難しい

上野　そうだよね。そもそも男に敷かれてる土台がそうなのよ。**自覚しないでも最初から上げ底になってるから、自分で気づいて変わるのはどんな男の人でも難しいと思う。「男を変えるのは女しかいない」って言うのはそのためよ。**

田房　個人の話じゃないわけですよね。「男ボーナス」の話をすると、「自分はそうじゃない」って言う男の人が必ずいるじゃないですか。そういう構造になっちゃう社会とか環境がおかしいから変えていこうって話をしてるのに、なんか伝わらないんです。「一人一殺」もそういうことですよね？　これも「個人的なことは政治的なこと」ってことだと思うんです。社会全体をいきなり変えるのは難しいけど、各家庭で男の人が一人変われば、全体が変わっていくはずなんですよ。

上野　だから毎日、その男ボーナスを打ち消し、打ち消ししていかないといけないの。些細なこともいちいち問いつめて。だって男文化を変えるんだもの、当たり前よね。20年かけて身についた男文化を変えるには、同じだけの時間がかかるかもしれない。さっき話した友人はそれをやったってこと。壁ドンみたいにして追いつめて、男を逃がさなかったのよ。ところが団塊ジュニア以降の夫婦の多くはシレーッとお互いを避け合って、葛藤を深めない。相手に踏み込まないみたいね。

田房　「夫の悪口」って主婦同士のコミュニケーションのひとつなんだなと思います。私はそれがあまり好きじゃなくて、夫はどうしてこう言うんだろう、私はどうだろうとか振り返って掘り下げた方が絶対楽しいのにって思うんです。ツイッターでもいっぱいあるんです。「夫がこんなひどいこと言ってきた」とか、「夫が何もしてくれない」とか、それが何万件もリツイートされたりして。

上野　「こんなとこで言わずに夫に直接言えよ！」って思うよね。

田房　ほんとそれです。だけど、そういう女同士でたゆたうように話して終わりみたいな。

上野　それをガス抜きって言うのよ。

田房　ガス抜けてるのかな……。

上野　一瞬抜けて、またすぐ溜まる（笑）。

結婚、恋愛、ナメんなよ！

田房　上野さんは、夫婦はどうあるべきって思いますか？

上野　「べき」はないけど、自分の人生に相手を巻き込む、相手の人生に自分の人生が巻き込まれるなんて、人生のものすごい大きな選択だと思う。真剣勝負なんですよ。そのはずなのに、習慣だから、習俗だからって、なんとなく結婚する人がいるみたいね。そういうもんじゃないだろうって思うよ。私は結婚する気はなかったけど、男と同居してきたから、同居だって互いの人生に巻き込んだり、巻き込まれたりする点じゃ結婚と変わらない。お互いに迷惑かけたり、かけられたりする。そういう選択って、一生の間にそうたくさんあるわけじゃない。だから「私はこの人と一生一緒にいられるのか、それをお約束できるか」って考えた。それで私の場合は「ごめん、来年はわからない」って。正直すぎたの（笑）。

田房　私はすごいおもしろいことだと思ってるんです、夫婦関係も。ケンカしたりなんなりして、一緒に作っていくっていう気持ちがあるから。

上野　結婚と恋愛が同じかどうかはわからないけど、**相手に踏み込み、踏み込まれる関係では自分の自我が試される。自分について学ぶ一番の場所ね。**ずるさも、エゴイズムも、献身も、豊かさも、寛大さも、なにもかもひっくるめて自分を学ぶ場所。こういう刺し違えるような人間関係って、友だち同士じゃ作らないからね。女友だちも素晴らしいけど、それとはまた別。

田房　確かに、友だちとは「一人一殺」しないですよね（笑）。

上野　友だちの場合、紳士淑女協定じゃないけど、相手に踏み込まないでしょう。距離を保ちながら相手の人生を尊重して、自分の人生に巻き込んだりしない。恋愛って、それだけ分かちがたい関係を作ろうってことだから、踏み込み、踏み込まれになるはずなのよ。

私はそういう関係が、人生にないよりある方がはるかに豊かだと思う。それによって学ぶことがものすごく多いから。だからそれをなんでやらないんだろうって不思議。私は恋愛が楽しかったことなんてない。いつも苦しかった。ほとんど殺し合いみたいだったから。

田房　あはは！　相手に踏み込んだり、踏み込まれたりする関係をいやがる人は、男女問わずたくさんいますね。私にとって夫は別れるっていう選択肢がない相手という感じです。基本的に好きでも、ずっと一緒にいれば絶対に問題が発生するじゃないですか。それを一個一個どうにかしないとって考えてお互いに葛藤してる感じです。

上野　生活って些細なことの集積でしょう。そこにその人の生き方とか、構えとか、価値観が出るじゃない。私はついに子育てしなかったから言う資格があるかわからないけど、子どもを育てると自分の価値観が丸々出るでしょう。そうすると、譲歩できるものもあるけど、非和解的になる。「許せない！」ってことが噴出する。その時に相手を傷つけるぐらい踏み込むような人間関係を作ると、自分も手傷を負って、学び合う。そういう交渉をなんでやらないのかな。不思議でしょうがないのよ。

さっきSNSで夫のグチを書く人がいるって言ってたよね。東大の卒業生でやっぱりそういう女子がいた。教え子の女子はだいたい育休中にヒマだから昔の恩師を訪ねてくるの。ヒマって言ったって、子育て中だからテンパってて、こんな顔（両手で頬をつりあげて）になってさ。「夫に言っても何も変わらない」って言う。エリート女の夫もエリートで給料もいいから、妻が育休をとって子どもを育ててくれれば、自分は心置きなく仕事ができるでしょう。子どもを産む前と産んだ後とで、夫はほとんど生活が変わらないんだよね。そういう女子が、私の目の前で、ふっと

「もういいんです。私、もう夫に期待しないから。私たち、終わってるんです」って言ったの。「え？」って思ってさ、思わず言っちゃったよ。**「終わった相手に、これからも股開き続けるの？」**って！

田房　ぶはっ！　股（笑）！　ほんとですよね。

上野　そしたらハラハラ泣くから、もう絶句して（笑）。「それ、私じゃなくて、夫に言った方がいいんじゃないの」って。なんでそれを避けるんだろう？

田房　修羅場を回避する感じはありますよね。決定的な何かが起こってしまったら、自分も変化しなくちゃいけないじゃないですか。それに対応する余裕がないんだと思う。変化よりも不満をとるんです。それをSNSでグチる。そんな感じじゃないかな。

上野　でも目の前に生《なま》ものがいるのに？

田房　生もの？　赤ちゃんですか？

上野　そう。生ものは待ったなしでしょ。

田房　そういう人って全神経を殺してる気がします。自分のことを殺してる感じがする。知人から、夫がなんにもしなくてつらいっていうメールをもらったんです。つわりでもないのに電車に乗ると具合が悪くなるって。だから「私に送ったメールの内容、そのまま全部夫に言った方がいいよ」って説得して、それでやっと土日の育児は交代してもらえることになったみたい。それでも土日だけなんですよ。

上野　そうなのよ。若い母親が「ちっちゃい子がいるから出てこられない」って言うから、「土日だったら夫に預けてこられるでしょう」って聞いたら、「怖くて預けられない」って。ショックだった。

田房　そうそうそうそう。まず信用してないんですよ！

上野　１日子どもを預けることに対してすら信用のない男と、セックスして子ども作ったのかよって！　距離を詰めたくないんだろうか。傷つきたくないし、変わりたくない。葛藤しない若い夫婦を見てて思うのは、結婚や恋愛を甘く見るなよって。**男も女もナメてんじゃねーぞって言いたい。ナメんなよ、結婚を！**　私は真面目にナメなかったから、結婚しなかったんだと思う（笑）。

田房　ナメないようにしたら結婚しないのが当然だと思います！

半世紀たって
女の結婚願望は変わった？

田房　友人から聞いた話なんですが、彼女の知人が既婚男性と社内恋愛したら、相手の妻から訴えられて慰謝料を払うことになったそうです。相手の男は離婚しなかったので、お金を払うこともなく周囲に知られることもなく無傷。女性の方は毎日顔を合わせるのがつらくて結局会社を辞めたのに、なんだか釈然としないと言っていました。

上野　日本はそういう社会なんです。不倫相手への損害賠償請求権の根拠は、自分の持ち物の所有権を侵されたっていうことだから。

田房　持ち物！　夫婦はお互いにお互いの所有権を有している……。

上野　法律ってそういうものなんです。私は「なんでわかってて、そんな契約するんだろう」って思うけどね。

田房　男とその妻の問題で、女性はシングルだからなんの問題もないってことにはならないんですね。

上野　妻の所有権が侵害されたってことなのよ。訴えるような妻を持った男の不幸ね。それでも別れないんだもの。別れられないのね。

あなたと違って私には夫がおりませんし、おまけに既婚者と非婚者を差別してきませんでしたので、それなりの経験がございまして（笑）。相手には名前がある人もそれなりにいたから、週刊誌に写真を撮られた時のために回答を用意してたの。「それはあちらさまの問題であって、私の問題ではありません」って。英語で「It's none of my business. That's his business」って言うの。かっこいいでしょ。ついに言う機会がなかったけど（笑）。

田房　かっこいい！

上野　私たちの世代から見て想定外だったのは、リブから半世紀もたって、なんで結婚願望がこんなに減らないのかってこと。**なんで日本では事実婚が増えないのかしら。**諸外国では性革命の後、事実婚が増えて、法律婚が減った。子どもの出生数のうち婚外子が占める割合を見ると、アメリカやヨーロッパでは半分以上になる国も多い。婚外子が生まれるから出生率も減らなかった。ところが日本では法律婚をしないと、子どもが生まれない。婚外子の数は微々たるもの。日本でも70年代には『同棲時代*』っていう漫画がブームになって、「神田川」という歌が流行したりしたのに。あの頃は同棲して妊娠して結婚になだれ込む人も多かったから、後続する世代には同棲する人が増えるだろうって予想した。でも、その予測は見事に外れました。「どうして？」って思う。

田房　私の周りの女性たちは「結婚するのが当たり前」って感じでした。

＊**【『同棲時代』】**　1972-1973年に「漫画アクション」で連載された上村一夫のマンガ。ドラマ化、映画化され、若者に同棲ブームを巻き起こした。

＊**【ジェンダー意識の低い国】**　世界経済フォーラム（WEF）による、男女格差の度合いを示す「グローバル・ジェンダー・ギャップ指数」2019年版では、調査対象153ヵ国のうち日本は121位で過去最低だった。「健康と生存」「教育」「経済活動への参加と機会」「政治への参加」の４分野のデータを元にしており、日本は経済・政治の分野における女性の割合が著しく低い。

20代後半は「結婚できなかったらどうしよう」みたいな空気が濃厚で。私は結婚願望が強いって思われたくなくて、そうじゃないふうにふるまってたけど、めちゃくちゃしたいと思ってたんですよね。

上野　両親を見てて、結婚ってこういうつまんないものだって思っていても、やっぱりそうだった？

田房　うち、ヘンに仲がいいんですよ。

上野　あっそうか、娘より妻をとる夫だったからね。

田房　そうなんです（笑）。でも「結婚するのは当たり前」っていう価値観は昔より薄れてきてるかなって思います。ただ、婚外子を育てるには相変わらず制度も環境も整っていないから、子どもを産むことを考えたら結婚を選択する人が多いんじゃないでしょうか。負担が大きいし、世間の目も厳しい。ハードルが高いんです。その点は70年代から変わってないと思う。情けないけど、日本は夫婦別姓が認められないほどジェンダー意識の低い国*だから、結婚観や男女観もなかなか変われないのかもしれません。

「花嫁候補」から「戦力」になった女性社員

田房　昔はよく、「花嫁候補」って言葉を聞いたんですけど、最近はあんまり言わないですよね。「女性社員は男性社員の花嫁候補」みたいな感覚はなくなったと思います。今って就職活動や入社式で、女性も男性もみんな同じ格好するじゃないですか。この間ツイッターで、80～90年代の女子は入社式でも思い思いにカラフルな服装をしていたって話題

1994 年の入社式の様子

になっていたんです。昔はこんなに自由で個性的だったのに、今は没個性でつまらないっていう文脈だったんですけど。

上野　それは簡単に説明できる。女子も戦力として男性化したから。男性と同じような戦力を期待されるようになった。それまでカラフルな服装でよかったっていうのは、女は「女子枠」でしか採用されなかったから。それまでは**「女子社員の採用基準はカオとコネと自宅通勤」**って言われてたもの。

田房　自宅通勤もですか？

上野　一時はマストでしたね。「結婚前のお嬢さんを、会社がしばらくお預かりいたします」って感じ。「弊社の有望な社員と見合わせます」ってね。だから花嫁候補として「ちゃんとしたご家庭のお嬢さんを採用してます」っていうメッセージでもある。

田房　そういうことか！

上野　やっとわかった（笑）？

田房　実家暮らしっていうのは、育ちがいいかどうか判定できるポイントだったんですね。

上野　それだけじゃなくて、「娘を親の監視下に置いてます」って意味。それにちょうど対応するのが女子短大生だったのよ。私、女子短大の教師を 10 年やったの。平安女学院って関東の人にはわかりにくいだろうけど、「西の青学女短*」って言われてた名門短大。当時はブランド企業に採用されて、そこで社内恋愛して寿退社するのが「女の幸せ」のモデルルートだった。会社側から見れば花嫁要員だけど、女の子の側から見ても会社は花婿探しの場。一流企業は社員を採用するのにものすごいコストをかけてるから、「**自分には男を見る目がないから、会社が選んだ男が確実なんです**」って言う女子がいました（笑）。

田房　おほほほ！

上野　出会う前に、男女ともすでにスクリーニングできてるからね。その中で入れ食いって言うのかな、誰と当たってもハズレがない、そんな感じだったよね。

田房　それでも恋愛結婚って言うんですか？

上野　それを恋愛って言うのよ。自己選択だからね。こういうスクリーニングが日本各地で行われていて、そこを通過した人だけがカップルになる。

田房　会員制のお見合いみたいな？

上野　まったくその通りね。その中で気の合う人同士がカップルになるだけだから、誰でもいい。マクロデータで調べると、恋愛には似た者同士、同類婚の傾向が強いことがわかってる。身分違いの恋なんて、めったにないから事件になる。年齢差の逆転婚や、遠隔地間の結婚は、データを見ると恋愛より見合いの方が多いくらい。「同類」には学歴や出身階層の類似も含まれてるけど、趣味っていうジャンルがあるのよね。知り合いの男の結婚相手が聖心女子学院のお嬢様だったんだけど、彼女のご学友５人組の結婚相手を聞くと、経営者の御曹司、一流企業の役員の息子、医者、弁護士、とかって揃いも揃ってて。全員「恋愛して結婚した」って言うんだけど、どこで知り合ったか聞くと乗馬とかヨットって

＊**【青学女短】**　青山学院女子短期大学。「青短」とも呼ばれる。1970年代後半〜80年代に圧倒的なブランド力を誇り、就職にも強かった。2019年度以降は学生の募集を停止した。

答えが返ってくるもの。

田房　選ばれし者だ（笑）。

上野　すでに出会う前の段階で選別が行われてるってこと。その中で誰を選んでも大差ないのよ。

田房　乗馬もヨットも、庶民にはできないですもんね（笑）。20代の頃、経済産業省でバイトしてたんです。私はたまたま「From A*」に載ってたのを見て行ったんだけど、ほかの人はコネや紹介で入ってきてました。職員は東大卒とか高学歴なエリートなんですけど、入って1週間ぐらいの時、さらっと「君たちは職員の花嫁候補なんだよ」って言われたんです。

上野　えっ、ほんと（小声）？

田房　あそこは時が止まってたんだなって、今思いました。2004年ぐらいの話ですもん。

上野　2000年代で？　官庁だから古い体質が残ってるのかも。それに経産省キャリアは長時間労働で、よそで出会いの機会がないからなんでしょう。その中から誰を選んでもかまわない、身元の確かなお嬢さんたちってことね。その中にあなたもいたんだ（笑）。

田房　そうです。紛れ込んだんです、「From A」で（笑）。

---

*【「From A」】 リクルートが発行していたアルバイト情報誌。1982年創刊、2009年休刊。

子どもを産むのは親のエゴイズム

田房　私が20代前半の頃って「負け犬」（p.013注釈）って言葉がすごく流行ってたんです。経済産業省のバイトでは、花嫁候補ってことを受け入れてる女の子も多くて、積極的に職員に手作りクッキー渡したり、気に入られようとがんばってた。みんな恐怖を感じてたんだと思うんです。「負け犬になったらどうしよう」「負け犬になったら人生おしまい」って。

上野　男社会の中に指定席がほしいのね。

田房　あの感覚が今、私たち子育て世代に残ってるんじゃないかなって思います。負け犬への怯え。「結婚してない、子どもいない、ヤバい」みたいな。

上野　それはあなたと同じ団塊ジュニア世代の男にも言える？

田房　当時、20代前半の男性で「結婚しなきゃ」って焦ってた人は見たことがありません。

上野　その世代は「ロストジェネレーション」って言われるぐらい不遇な世代でしょ。男も非正規雇用になるし、椅子取りゲームの椅子の数が減っていった世代。男なら父のようにサラリーマンの席をゲットする、女はその妻の座をゲットする、そういう社会の中の指定席がほしいって気持ちが、男女ともにあるのかしら？

田房　それはすっごいあるんじゃないかな。

上野　社会の中の指定席って制度的な場所だけど、そこに否応なく人間関係が生まれる。愛がなくてもセックスできるし、相手に関心がなくても股を開くことはできるけど、妊娠すれば今度は目の前に生ものが出て

くる。子どもというごまかしのきかない自己チューな生ものが登場する。自分もかつてその小さい生ものの側にいて、親との間で大なり小なり確執を経験して育ってきて、次に自分自身が親の側に立つ。その時、自分たち夫婦の関係が子どもにどんな影響を与えるかって考えないのかしらね（怒）？

田房　そこはあんまり考えないと思います。

上野　じゃあ妻になり、母になるのは、ただの生活習慣？

田房　そうかもしれません。思考停止してる感じです。

上野　ひどい社会だね。そんなことで日本の社会がよくなる可能性はないわ……。

田房「夫とは二人で出かける時ですら会話しないけど、子どもがもう一人ほしいからがんばる」みたいな人はある意味、私の世代のスタンダードです。

上野　どうしてそういう男との間で、もう一人子どもを作ろうって思えるのかしら。

田房　その男の子どもがほしいっていうわけじゃなくて、「夫と子どもが二人いる家庭」がほしいってことかもしれません。夫も子どもも自分の人生計画のうちのひとつっていうか。

上野　標準的な「ザ・ファミリー」って見られたいってこと？　社会的承認がもらえるから？

田房　それもあると思うけど、「自分もそうだったから」ってことらしいです。「自分は４人家族で育ったから、同じような家族を作りたい」って言ってました。

上野　それで自分は幸せな子どもだったんだろうか。子どもっていうのはみんなつらいもんよ。私はそういう話を聞く度に、子どもにはた迷惑って思うのよね。最近は「子どもがほしいのは自分のエゴイズム」とか、「夫をつなぎとめるため、生活の安定のために子どもがほしい」とか、子どもを産むのは自分のためだってことをちゃんと認める女たちも現れてきたけど、子どもの気持ちは考えないのかしら。私は子どもを産まなかったけど、だからこそ子を産んだ女たちに聞いてまわったのよ。「どうして産んだの？」って。そしたら答えがとんでもなくて。「姑に頼まれたから」とか、「夫が望んだから」とか、とにかく周りに責任転嫁する。「そういうものだと思ってたから」とか「できちゃったから」っていう答えも。あなたの選択はどこにあるのって思う。自分の口から「自分のためにほしかった」って言う人はあんまりいませんでしたね。
親しい女友だちに「子どもを産まないのはエゴイズムだけど、子どもを産むのもエゴイズムだよね」って言ったら、「うん」って言うから、「じゃ、どちらのエゴイズムが大きいと思う？」って聞いたら、彼女は立派な女でさ、ケラケラ笑って、「決まってるじゃない。子どもを産む方のエゴイズムだよ」って言った。産むのは親の選択でも、生まれるのは子どもにとっては選択じゃない。誰しも親との関係の中でいろんな葛藤をいっぱい味わってきてる。それなのに、やがて自分が子どもから評価を下されるようになるって、どうしてそう思わずにいられるんだろうね。

ナメたツケは子どもに回る

田房　夫に反論したり、いちいち意見したりすることを諦めて流しちゃってる人はすごく多い気がします。

上野　それを諦めるってことは、関係を諦めるってことなのよ。関係を諦めた男に、その先も股開くのかよってね。なんかやっぱり結婚をナメくさってるな。ナメたツケは全部子どもに回ってくるのに。

田房　その通りだと思います……。

上野　ね。

田房　夫との修羅場や夫婦関係の変化を避けて、表面的には問題がないようにふるまおうとすると、浮気や不倫をしないと保てなくなっちゃうものだと思います。

上野　子どもは敏感だから、そういうこと、言わなくても空気で察すると思う。**子どもをあなどっちゃいけません。**さっき子どもにツケが回るって言ったけど、大きくふたつの方向があって、ひとつは困った適応の仕方をする子ども。適応力は高いけど、人生をナメくさる方向に向く。東大生はそういう適応力が高い子どもたち。親の期待と教師の期待に応えることができる子たちね。もうひとつは不器用な子どもたち。適応できなくて体が固まっちゃう。そういう子は不登校やいじめのような問題を起こしやすい。東大に入って、私の授業を受けるような子にはあんまりいない。私はフリースクールにも接点があったり、教育経験が長いから、そういう子たちと会う機会もあった。不器用な子どもたちの方が自分に対してずっと正直ね。

親の期待に応えられちゃった子どもたちは、自分がやりたいことじゃなくて親のやらせたいことに応えてきてるのね。その子たちはその子たち

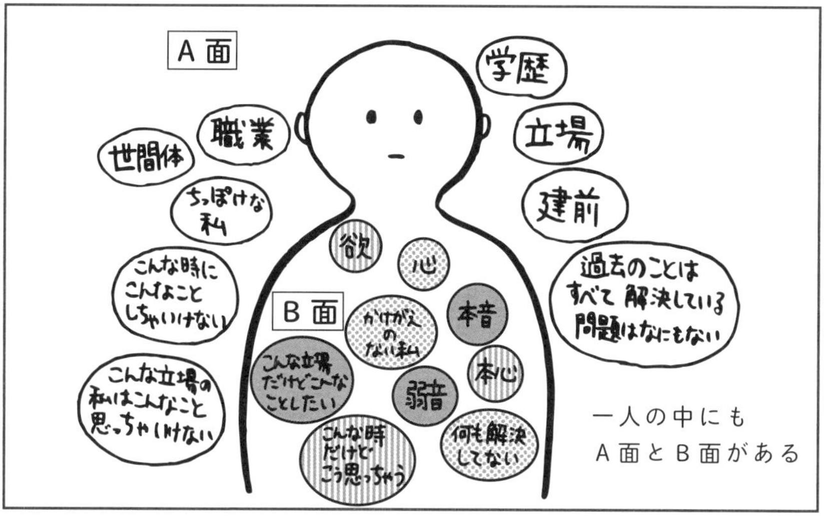

一人の中にも
A面とB面がある

で傷を負ってるの。自分が何者で、何が好きで、何がやりたいかわからなくなってる。嫌いなことでもこなせてしまうから。「本当は何がやりたいの？」「何が好きなの？」「何やってる時が気持ちいいの？」、こんなシンプルな問いに答えられなくなってしまう。生きてることの根幹に関わることがわからなくなっちゃうの。優等生ってそんなものなのよ。

田房　私、**一人の人の中にもA面とB面がある**と思ってるんです。東大に入るような人は自分のA面をいかに社会のA面と同じにするか努力してる人たちだと思います。そのためにはB面にある自分のかけがえのない部分を殺して、打ち消していかないといけないじゃないですか。だから「本当は何がやりたい？」って聞かれても、答えられない。その部分は殺してきたんだから。

上野　そうなのよ。それが進学だけじゃなくて、就職、結婚、子育て、すべてのことに影響するのよね。田房さん、ほんとに表現がうまいね！　まさにB面の自分を殺してきてるわけ。それって息の詰まる苦痛な生活だと思うんだけど、彼らは鈍感力が発達してるから、自分が苦痛に思ってることにも気づかない。それどころか「そっちの方がラク」って言うのよ。逆に「フェミニストになると大変でしょ」って言われたりする。でもさ、**自分に正直な方がラクに決まってるじゃん。**快は快、不快は不快って言って生きる方がずっとラク。一生、B面殺して生きるより……って、すっかりあなたの言い方に影響されてるね。こうやって私は田房永子に汚染されていく（笑）。

子どもには干渉するのに夫に踏み込まない妻、妻から逃げる夫

上野　情けないことに恋愛や結婚をナメてるカップルの間にも子どもは生まれるのよ。その子どもはどう育つんだろうって思わない？　東大男子、東大女子として私の前にくる子たちの中には、すごく傷ついてる子どもたちがたくさんいる。自分を守るために鈍感力でガードしてるから性格の悪い子やイヤな子もいっぱいいるけど、彼らを見てて思うのは、**「二十歳そこそこの子の性格が悪いのは、その子のせいじゃない」**ってこと。「あなたも苦労してきたんだね」「キミがこうなったのはキミの責任じゃないよ」って思う。母の過干渉とか、父の無責任とか、そういう親の行動に傷ついてきた。

田房　東大に入る人の親の過干渉ってすごそうですね。

上野　今の東京大学は、子ども一人の力では入れません。親と二人三脚

じゃないとね。私が祝辞を話した入学式の式場でも、新入生の席をとり囲むように、新入生より数の多い親が座ってた。新入生一人につき招待枠が２枠あるんですって。両親だけじゃなく、祖父母も含めて、一家総出で来る晴れの舞台なのね。ある父親が上野の祝辞を聞いてブログに書いた記事が炎上したらしいんだけど、その内容が「(上野の祝辞は) 親へのねぎらいの言葉がなかった」だって！

田房　おわー（笑）！

上野　「ボクも努力したんだ！　認めて！」って承認欲求（笑）。そういう親の期待に応えられる子どもと、応えられない子どもがいて、応えられる子が東大に来る。じゃあ、応えられない子たちはどうなってるんだろうって思う。田房さんの子どもさんはまだ不登校になったりとか、そういう年齢になってないのね。これから学校との闘いが始まる。大変ね。

田房　不安です。

上野　**今の時代に学校に子どもをやるのは大変だなって思う。規格品であることを求められるから。**規格からはみ出た子どもがどんな目に遭うか。子どもの世界にもいじめや排除があるし。規格からはみ出せない子だって不幸なのよ。親の顔色を見ながら育ってさ。あの子たちがかわいそうだなって思うのは、親の愛を受けてはいるが、それは条件付きの愛だってこと。私の思い通りに育つ間は、私の子だって認めてあげるって。

田房　いい子でいれば愛してあげるってことですね。

上野　裏を返せば、「私の期待に背く子は私の子じゃない」ってこと。私は自分が子どもを産まなかった代わりに、一生自分は子ども目線で子どもの側に立ち続けようと思ってる。だから子どもが生まれてなお、妻から逃げる夫たちや、夫と葛藤しない妻たちが不思議でしょうがない。目の前にいる生ものが、やがて親をじっと見返してくるのよ。なんでそれを想像できないのかしら。

田房　私もそれは不思議です。

上野　人間関係の距離が変わってきたのかな。団塊世代って、たとえば会社でも熱血上司が部下の生活に介入したり、男性同士の関係も殴り合いって感じで熱かった。男女関係も野蛮で乱暴。相手の心に土足で踏み込むような人間関係を作ってた。それが世代的になくなってきたんだろうか。

田房　とにかく夫に何も言わない、それが前提、みたいな人が多いです。「夫に言ってみる」という選択肢はない状態で、「どうしよう」と考える。それでどうしようもないから、「このままでいるしかないか……」で決着するんです。

上野　にもかかわらず、子どもには踏み込んでくる。

田房　そうですね（笑）。夫に踏み込む代わりに、みたいな。子どもとは修羅場にならなさそうって思ってるからかも。

上野　力関係が違うもの。

手を抜かない交渉を続けないと、夫婦関係は変わらない

上野　そう考えると、この田房さんの真っ正直さ、ごまかしのきかなさはやっぱりレアもの。その田房さんの描いた作品を読む人がたくさんいるってことは、共感があるから？　それとも自分ができないことを田房さんがやってくれているって代償なのかしら。

田房　「自分でもよくわからないモヤモヤを言語化してくれた」っていうのはよく言われます。ただ最近書いたエッセイ、『「男の子の育て方」を真剣に考えてたら夫とのセックスが週３回になりました』については賛否がキッパリ分かれていて。私が書いたのは、夫とぶつかり合って葛藤して、夫婦の関係が逆転した後の話なんです。夫の背景にある「男中心社会」に怒りまくって、夫という一人の男性に、自分の要求を呑んでもらうことができた女の話です。**妻が夫に対して強くなりすぎちゃったら、今度は妻の方が夫の言うことを聞かないと関係がおかしくなっちゃう**んですよ。

さっき上野さんが「妻に問いつめられた夫が、会社を休んで話を聞いた」って話をされてましたが、関係が逆転したら女だってそういうことをしなくちゃいけなくなってくる。人間同士なんだから。それで「そういう場合は夫の言うことを聞かなきゃいけない」ってことを書いたんですけど、それって、夫婦関係がかなり変化して進んだ段階の人じゃないと意味不明な情報なんですよね。立場が逆転してしまった夫とまた対等

な関係を築きたいという悩みを持ってる女性は少ないっていうことに、出版してから気づきました。夫に何も言えなくて悩んでいる状態の人が読むと、逆の意味で捉えてしまうらしくて。「結局、家庭を円満にするためには夫に尽くさなきゃいけない」って読んでしまうみたいなんです。

上野　チープな教訓話として読んじゃうわけね。夫に憤ってる妻に向かって「まあまあ、ここは怒りを抑えなはれ」って教訓たれてるように読まれちゃうのか。

田房　ぜんぜん違うのに！　ここに書いてるのに、300ページも（笑）！

上野　そこに至る過程があるのにね。

田房　「田房さんはフェミニストだと思って楽しく読んできたのに、結局男に尽くせって言うんですね、がっかりです」っていう意見がけっこうあってショックでした。

上野　でも、そんなこと気にしなくていい。読者っていうのは誤読するものです。誤読する読者もいれば、正解する読者もいますから。

田房　今のところ五分五分って感じです。

上野　五分五分でもぜんぜんいいじゃない。読者の半分はメッセージを正確に受け取ってくれているということだから。

田房　よかったぁ。

上野　私もそういう経験をいっぱいしてきてる。何か発言すれば必ず誤読する人が現れる。正解と誤読が六・四でも七・三でも、正解が少しでも多ければ、御の字。それに誤読した人たちが、また読み直して変わることだってあるから。

田房　そうですよね。10年後にまた読んでもらえたらいいな。

上野　あなたの本を読んで私がおもしろいなって思ったのは、あなたがキレまくっていた時は夫が巨大で偉大な人に見えていたのに、怒りが収まってきたら夫の弱点や欠点がたくさん見えてきたってこと。夫との関係がやっと等身大になったのね。そこからまた力関係が変わって、今度はあなたが優位になった。それなら自分が譲歩する立場になるのは当然。力関係の変化に伴って交渉過程も変化していったのよ。その変化は交渉を続けてきたからこそ起きたこと。あなたが夫との交渉に手を抜かなかったからこそ。**手を抜かない交渉を続けないと、その次のステップにいけない。**

田房　ほんとそうなんです。なんにもしない人が「夫に尽くしましょう」って言うのとまったく違うのに！

上野　その交渉って、体を張った交渉だよね。そういう体を張った交渉をなんでカップルでやらないわけ？　体を張らないのに、体を重ねるから、子どもが生まれてるのか。それをやらずにカップルやってて何がおもしろいのって、愚直な上野は思いますが（笑）。

田房　私もそう思います。修羅場が起きても意外と大丈夫！

3章を終えて 田房

全然わかってくれない夫を持ちながら
息子はそうならないように育てるなんて
超難しい
ジェンダー？ ハッ（笑）
新しいこと 覚えて きやがって
子育ては 女の仕事 だろ
お父さんの ような男 にはなるな
???
どゆこと？
混乱
私たちが そう育てられてきて、今があるわけで…
ちゃんと 勉強しないと パパみたいに なっちゃうよ！
人生 終わりだよ！
あんたは 理解のある男と 結婚しなさいね
あきらめ
断絶
お父さん は？
あれはもう いいの
夫には何も言わず子どもを諭すより、同世代（夫婦）で
やり合って、ちょっとでも「成長」の過程を見せる
ほうがいいのかもしれないとか思いました
オイ てめー 私にも 仕事 させろ
お前が 家事をやれ
うるせー 俺は こう 育てられ たんだ
てめーで なんとかしろ
ありがとー
あれ やっと いたよ

第4章

フェミニズムと性の話。おっさん的想像力よ、さようなら！

That's very オヤジ !?
That's very 東大 !?

田房　上野さんは今の学生たちをご覧になって、以前との変化を感じますか？

上野　**東大の新入生を見て、「オヤジは再生産される」って思いました（笑）。**オヤジって年齢に関係ない。18歳のオヤジだっている。もちろんみんながみんなってわけじゃないけど、私の祝辞への反応を見ればわかる。性差別について発言したとたんに、シャットダウン！　見たくない、聞きたくないっていう拒否反応ね。

田房　聞こえなかったみたいに打ち消してしまうか、怒るか、どっちかしかないんですよね。

上野　「That's very オヤジ」的な反応で、それが18歳の男子にちゃんと再生産されてるのにびっくり。

田房　社会に出てからオヤジになるならわかるんですけど、そんなに若くしてオヤジになっちゃうのか……。

上野　彼らの多くは中高一貫私立男子校出身者。江原由美子[*]さんの調査では、男子校男子のジェンダー意識がもっとも保守的って結果が出ています。最近耳にしたんだけど「ホモソーシャル[*]」のことを「ホモソ」

*【江原由美子】　1952年-／社会学者／『ジェンダー秩序』など。

*【ホモソーシャル】　恋愛や性的な意味を含まない男性間の結びつき、絆。セジウィック（p.186）による概念。ホモソーシャリティはミソジニー（女性蔑視）によって成り立ち、ホモフォビア（同性愛嫌悪）によって維持される。ホモセクシュアル「同性愛」とは違う用語。

参考：上野千鶴子『女ぎらい』（紀伊國屋書店、2010）

って略して言うんだってね（笑）。そのくらい定着したかと嬉しかった。「ホモソ」と言うと腑に落ちる男性集団がそこらじゅうにある。そういう集団で育ってきてるせいか、女に対する妄想と偏見をいっぱい溜め込んでる。東大生の性暴力被害について調査したら、一番多い事案はなんとストーカーでした。

田房　えー！

上野　主に理工系の男子学生で、恋愛経験も交際相手もいないのに、思い込みでストーカーするのよね。東大のハラスメント防止委員会が当初予期して対策を練ったのは、指導教員と学生との関係みたいな典型的な例だったんだけど、蓋を開けたら出るわ出るわ、ストーカー事案！　私、「That's very 東大！」って思ったもん。女に相手にされないのに、妄想たくましくして追いかけ回すの。

田房　試験のマークシートとかは自分の思い通りになってきたから、そんなふうに思っちゃうんでしょうか。

上野　そうかも。自分がすべてをコントロールできると思ってるんでしょう。精神疾患の恋愛妄想は、ほとんどが被愛妄想なんですって。根拠なく相手に自分が愛されているって思い込むのよ。自分が好きになった女性が振り向かないと、「彼女はシャイだから」とか、「恥ずかしがりやなんだ」とか、「僕と彼女の間にジャマする何かがあるからそれを取り除かなくてはいけない」とか、すべてを自分に都合よく解釈する妄想っていうのがあるらしい。この自己中心性！　ものすごく男らしい（笑）。東大男子の中には交際経験がまったくないのに、「ボクがその気になりさえすれば、結婚相手はいつでも見つかる」と根拠のない自信を持ってる子がいる。すごいよね。

田房　そういう人いました！　「おれは東大出て大企業に勤めてて金もあるのに、彼女がいないのはおかしい！」ってふつうに言ってた。

上野　おかしいのは自分じゃなくて、女の方だって思ってるのね。

田房　何かの陰謀だとでも思ってるんですかね。そういう男の人たちと、この世界でどうやって一緒に生きていけばいいんだろう……。

娘の母として「性」を考える

田房　**ストーカーって被害者の89%が女性で、加害者の84%が男性**なんですよね。ストーカーだけじゃなく、痴漢、レイプ、セクハラといった性暴力の被害者はほとんどが女性です。自分だけじゃなく娘が性暴力の被害者になる可能性がある中で、世の中には男性向けのエロいコンテンツがあふれていて、ふつうに日常生活を送っているだけでロリコン*的なポルノが目に入ってくる。私はそれを異常な状態だと思うんですが、「表現の自由」だと主張する人もいます。実際に存在しているものに、存在するなとは言えないですよね。受け入れていくしかないんでしょうか。

上野　たとえばペドフィリア*の場合、それを妄想することは許されても、実際に子どもを相手に性的な行為をしていいってことにはならないよね。だから実際の性犯罪、性暴力はあってはならないし、断固としてノーを言わなきゃならない。でも私は男の趣味や欲望を完全にコントロールす

＊【ロリコン】　和製英語ロリータ・コンプレックスの略。幼女に性的に惹かれることを主に指す。ウラジーミル・ナボコフの小説『ロリータ』に由来する。

＊【ペドフィリア】　小児性愛。主に幼児・小児を性的欲求の対象とする性的倒錯のこと。

ることはできないと思う。心の中まで取り締まることはできないから。だからポルノについては「やるならコソコソやれ！」って思う。「もっと恥ずかしそうにやれよ！」って。

田房　ほんとに。個人の趣向は自由であるべきだと思うけど、やっぱりどうしても親からしたら不安だし、恐ろしくてたまらない。私だったら、自分の趣味が多くの人に恐怖を与えているとわかったら、そのことで悩むと思う。ペドフィリアの人も悩みがないわけがないと思いますが、そういった面まで触れることは難しい。ただ漠然と恐怖感と共存していかなきゃいけないのかなって。どう解釈して、自分を励ましていけばいいのか……。

上野　わかるわかる。田房さんが責任編集を担当した「エトセトラ[*]」の特集「コンビニからエロ本がなくなる日」を読んで、すごくよかった。満身の怒りを感じました。母親なら感じるであろうあの怒りを、なぜ父親が感じないですむのか。なぜ娘の父親であることとエロ本の購買者であることが、平然と同居できるのか。それが理解できない。日本の社会が男の性欲に著しく寛大な社会だってことは明らか。だからたとえ「PTA のおばさん」と揶揄されようが、いちいち目くじら立てていくしかない。怒りを表明して、波風たてないと変えられないから。でも変わったんだよね？　コンビニ業界はエロ本撤去に動いたのよね？

田房　大手コンビニチェーンは 2019 年８月いっぱいで、成人向け雑誌の販売中止を決定しました。ただ理由ははっきりしなくて、当初は「オ

＊**【「エトセトラ」】**　毎号、新しい編集長がいちばん伝えたいテーマを特集するフェミマガジン。エトセトラブックスより刊行。2019 年５月発売の VOL. １では田房永子が責任編集長となり「コンビニからエロ本がなくなる日」をテーマにした。2019 年 11 月発売の VOL. ２は山内マリコと柚木麻子が責任編集長を務め、テーマは「We ♥ Love 田嶋陽子！」。

「PTA おばさん」のイメージ

リンピックで訪日する外国人向けの対策」ってことになっていたんです。後になって、「女性と子どもへの配慮」も理由のひとつに加わりましたが、実際のところはわかりません。

上野　そうか、あれはオリンピック対策だったの？

田房　オリンピックっていうきっかけがないと変わらなかったって気がします。**オリンピックというホモソの集大成みたいな運動会がなければ変わらなかった。**

上野　ホモソの集大成か！　なるほど、うまいこと言うな（笑）。あなたは自分が娘の親になって、それまでスルーできたことが切実な問題に変わったみたいだけど、娘の父はどうなんだろう？

田房　夫は私ほどじゃないですね。言ってはじめて気づくみたいな。コンビニのエロ本について投稿を募ったんですけど、ノスタルジーにひたる男性が多くて。

上野　それはこの件に限らない。セクハラおやじが、やりたい放題やれた「あの頃はよかった」って言うもん。

田房　「コンビニからエロ本がなくなってくれるなんて、本当に嬉しい！」っていう人の文章って、歓喜の悲鳴みたいな感じなんです。買い物に来ている自分も女で、エロ本コーナーに並んで欲望されているのも女で、それを「これなーに？」と聞いてくる娘も女。そうやって２つ３

つに切り裂かれてたものがやっとつながった、私の体をやっと取り戻した、そういう切実さに満ちていました。
でも「コンビニからエロ本がなくなるのはちょっと寂しい」派の人はほわーっとしてて、ノスタルジックなんです。その差がすごくて。「これどっかで見たことあるぞ？」と思ったら、DV 夫の暴力から命からがら逃げて自由を掴み取った妻の苦しみからの壮絶な安堵と、もぬけの殻になった家の中で「なんで？　どうしたんだろう？」って思ってるDV 夫。その構図とそっくりだと思いました。
上野　そうそう。茫然自失するのね。「ボクの何が悪かったの」ってね。この鈍感力！　そのくらい、男女で認知ギャップがひどい。
田房　片方にとっては息をするのも苦しかった時期のことを、もう片方は「あの時は楽しかったなあ」と思い出せるんです。そういう構図が、コンビニのエロ本でも見られるんだなと思いました。
上野　「選択の自由」とか「表現の自由」とか聞いたふうなことを言うチョコザイな男たちがいるけど、**イヤなことはイヤって目くじら立てていくしかない。**「あんたの趣味嗜好までは取り締まらない。ただし公共の場に出てくるな」って。いちいち言っていかなきゃ変わらない。
田房　それしかないですよね。考えてみたら、許せないって思ったらそれを表明すればいいってだけのことなのかも。そう思ったら実は簡単なことなのかもしれない。

おっさん的想像力を撲滅したい！

上野　**強者っていうのは、弱者に対する想像力を持たずにすむ特権を持っている人たちのこと。**弱者は権力関係が直接自分の身にふりかかってくるから、否応なく考えざるを得ない。弱者は強者を忖度しなきゃいけないから、強者に対する想像力があるけど、強者は弱者に対して想像力を持つ必要がない。だからきょとんとするだけなのね。自分の妻が企業で性差別に遭っても「そんなものだよ」って言うくせに、娘が就活で差別を受けると怒りまくるおっさんがいるでしょ。

田房　あれってなんなんですかね。

上野　そこまではわかりやすいのよ。**妻は他人、娘は身内だから。娘は自分の分身なのよ。**自分の分身の問題になってやっと身内意識が働いて、自分事になる。そこまではわかるんだけど、自分の娘がほかの男からの性的に無遠慮な視線の対象になることへの想像力を持ったり、自分自身もそうしてるかもしれないっていうことまで想像したりすることがなぜできないのか。なぜおっさんはそうならんのか（怒）！

田房　ならんのか（怒）！

上野　こう言いながら、もっとおぞましい想像が働いてしまいます。自分のコントロール可能なものの中に娘っていうアイテムが増えたということで、今度は娘が手を出す対象になる男もいる。

田房　すっごいつながってると思います。

上野　つながってるよね。想像力を持つどころじゃない、実際にそういう事例が続々出てきてます。義父から娘への性暴力だけじゃなく、実父による性暴力[*]も。

田房　しかも無罪になるし。

上野「それも愛情からだった」とか言う。たんなる所有欲や支配欲なのに。

田房　性被害について男の人にわかってもらおうとする時、「自分の彼女や娘が被害に遭った場合を想像してみてください。どれだけひどいことかわかるでしょう」って説明することが多いじゃないですか。私はあれにすごく違和感があります。どうして彼女や娘の被害を想像しないといけないんだろう？　自分が性被害を受けた嫌悪感や苦しみの想像でいいのに、どうしていったん「自分の身内の女」で変換しなきゃわからないんだろう。不思議です。

上野　今のはすごく同感。女は男の所有物だから、所有物を傷つけられたことに対する男の怒りを指してるだけ。昔はセクハラ研修で、男性の講師がおっさんたちに「手を出しかけた時、相手の女性が上司の娘か社長の親族だと思って下さい」って言ってたことがある。それだけでアウトでしょう。

田房　そのセリフそのものがセクハラ！　なるほど、**おっさんたちにとって「女はどこかの男に属している付属品」だから、性被害はその付属品を傷つけられる、みたいなことなんだ。**

上野　男性の間の権力関係に配慮しただけであって、相手の女性を尊

＊**【実父による性暴力】** 2019年に３月には実父による娘への性暴力で２件が無罪判決に(p.177の表参照)。

自分の痛みより先祖や伝統に忖度するオジサン

重したことにならない。2018年春に財務省前事務次官のセクハラ[*]がきっかけになって、新宿駅東口前の広場で「#私は黙らない0428」っていう若者たちのアクションがありました。そこで若い男の子が「これはボクたちの問題です」って発言したの。私たちの世代の男たちは絶対にそんなこと言わなかったから、「よく言ってくれた!」って感動した。**「性暴力は女性問題ではなく男性問題であって、あなたたちが自分で考えるべき問題だ」**って思い続けてきたから。だから「そうそう!」と思って聞いてたんだけど、最後に「もしボクらの恋人や妹がこんな目に遭ったらと考えてみてください」って言っ

＊**【財務省前事務次官のセクハラ】** 福田淳一・前事務次官が、取材を受けたテレビ朝日の女性記者に対して「胸触っていい?」「手縛っていい?」などの発言を繰り返していたと2018年に報じられた。矢野康治財務省大臣官房長の「弁護士に名乗り出て」、麻生太郎財務大臣の「福田に人権はないの?」発言が火に油を注ぐ事態に。その後、福田氏は辞任した。

たから、ガクっときたわよ。最後におっさんの馬脚をあらわすなんて！

田房　もう、このフレーズ禁止にしましょうよ！　おっさんの想像力を撲滅したいです！

上野　善意から言ってるつもりなんだろうけど、この男子にも「女のセクシュアリティは男の所有物である」って考えがあるんだってがっかりした。「女は自分が守るものだ」って思ってる。**「守る」っていう言葉も男女関係を考えるキーワード**よね。今の天ちゃんがプロポーズの時、雅子さんに「一生全力でお守りします」って言ったって。

田房　天ちゃん!?　令和の天皇陛下のことですね。誰かと思いました（笑）。

上野　そう呼ぶとかわいいでしょ（笑）。あの言葉にキュンときた女と、ゲッて思った女がいる。

田房　ギョッて感じです。

上野　だよね。ところがキュンとくる女が少なくない。「守ってもらいたいなんて思ってねーよ！」って言いたいけどね。

田房　それより好きに仕事させてほしい。

上野　守った結果が適応障害。

田房　ちょっ！　ぜんぜん守れて……！

息子の母として「性」を考える

田房　私は子どもが二人いて、下が男の子なんですね。ママたちの中には、自分の息子をさっき話したような想像力に欠けるおっさんにしないためにどうすべきか悩んでる人も多くて、そういう質問をよく受けます。母親がフェミニストの場合、息子はどうなるんだろうとか。

上野　**母–娘関係と母–息子関係って別もの。息子は母殺しができないから。**母を尊敬しすぎた息子のその後も見てきたけど、母を超える女がいないから結婚できない息子もいます。

田房　母親をものすごい崇拝してる人っていますね。なんにもいいことないと思う（笑）。

上野　私もそう思う。

田房　私の知っている男性で母を崇拝している人は、山登りやロッククライミングが趣味なんですけど、何かに登るしかないよなって思います。母は超えられないから。

上野　もっとも無害な趣味にいったのね。それもその人の生存戦略だったと思う。

田房　そう言われてみれば無害だ！「フェミニストの母は息子に尊敬されるのか？」というのもよく聞かれるんですが、どうでしょう？

上野　どんな人でもプライベートは中途半端なものだから、フェミニストって言ったってどっかでずるいところがあったり、どっかで男につけこんだりしてる。本気で母を尊敬する子どももいるけど、そういう中途半端なところを子どもは見抜く。そうすると、口には出さなくても親を軽蔑する。それで母と似ても似つかない女を選んだりする。そうやって母を否定するのよ。

田房　なるほど。息子はそういう形で反抗できるんですね。嫁姑もすごいことになりそう。

上野「夫婦は仕事も暮らしも支え合って生きるのよ」って言って育ててきたのに、息子がポヤンとした専業主婦志望の女と結婚して悔しくてたまらないっていう女が周りにいるわ。「あんなに言ってきたのに！」

って（笑）。

田房　おもしろーい（笑）！　サイン会で読者の人が「うちの母も、こんなにヤバいんです！」って話してくれることがあるんです。私が「それはお母さん、激ヤバですね！」って返すと、女性の場合はたいてい「田房さんにヤバいって言ってもらえた！　やっぱりうちの母親ヤバいんだ、私は悪くなかったんだ。やったー！」みたいなテンションになるんです。

でも男性の場合は、私に「お母さんヤバいですね！」って言われると黙っちゃう。考え込んだ末に「……いや、田房さんと違って、僕は母に愛されてるんで」って否定されるんです。

上野　娘は母殺しができるけど、息子に母殺しは絶対にできないから。

田房　それって性的な面が関係してるんじゃないかと思うんです。女は年をとると「40代でも性欲ってあるんだな」とか「母親になってもエロいこと考えるんだな、お母さんも絶対そうだったな」とか、そういう母と一致する時期があって、女のばかばかしさを体感できるんです。でも男の人はそれができないから、いつまでたっても女神化しちゃうのかなって。

上野　それができないからというより、見たくないから見ないだけじゃない？　歪んだレンズを持ってるのよ。だから息子は父殺しはできるけど、母殺しはできない。男は妄想であれなんであれ、自分を100％受容してくれる人はこの世に母しかいないって思ってるから。母親は自分がどんな過ちを犯しても、たとえ人殺しをしても、受け入れてくれるって。たとえ現実はそうでなくても、母の支配も献身もすべてボクへの愛って思う。その愛が自分のアイデンティティを支えてるから。

田房　ちょろいなあ、息子って……（笑）。愛っていう支配から抜け出せない、というよりは敢えてそこにいるんですね。

上野　母が巧妙に自立させないようにしてるのよ。私の支配下から出るなっていうメッセージをひそかに送ってる。

田房　それは知らない間にやっちゃってそうです。自力で避けるのは難しそう……。

上野　ねじめ正一[*]さんに、母親の介護のことを書いた本があるの。60歳過ぎた男が、施設に入居した90歳近い母のところに、妻から「あなたは大マザコンだ」って呆れられながらも、毎日せっせと通ったの。それも弟と二人で競い合うようにして通ったんだって。後で振り返ってなぜそんなにせっせと通ったかと考えると、弟と母の愛を競い合ってたんじゃないかって言ってる。その本のタイトルが『認知の母にキッスされ』なのよ（笑）！

田房　おおお（笑）！

上野　母親が「正一、キッスして、正一、キッスして」って迫ってくるから息子は戸惑うんだけど、母親に唇にチュってされたんだって。それなのに母親は息子のせいにして「正一は、どうしてヘンなことをするんだい」って、急に体面をとりつくろう。90歳近い母と60代の息子にそういう関係があるってことに、ぞっとした（笑）。

田房　人間って死ぬ間際まで色々あるんですね。悟りを得て苦がなくな

---

*【ねじめ正一】 1948年-／作家、詩人／『高円寺純情商店街』など。

るなんてことはないんですね（笑）。

上野　だから年とるって楽しいですよ。見える景色がどんどん変わっていくから。

田房　高校生の息子の肉体を、イケメンタレントを見るかのようにキャーキャー言うママってけっこうふつうらしいんですね。私は今40歳で、２歳の息子を育てていて、「私はこの子を性的な目で見るなんて絶対にしない」と誓ってるんですけど、すっかりくつがえされました。90歳の母と60代の息子がキスしちゃってるんだから。大きな海を見た気分です。

上野　その本は、息子の母親になった女からは評判がいいの。だってこんなに息子から愛されるのよ（笑）。

「フェミニスト＝性に厳格」という思い込み

田房　ところで、男社会に怒りを感じることと、男性に欲情されたいって思うことは両立しますよね？

上野　簡単なことよ。誰にいかなる状況で欲情されたいかによる。のべつまくなし、不特定多数の男に欲情されたいの？　それってセクハラ環境そのものじゃない。そんなもの、文脈を考えたら誰にでもわかることでしょう。今ここでこの人には欲情されたい。でもあいつには欲情されたくない。こんなところでこんな時に、欲情されたくない。当たり前のことでしょ？　たんにそれだけのことじゃん。なんでそんなことが問いになるわけ？

田房　ですよね……（汗）。「なんでフェミニストのくせに男とセックスしているのか」って言う人が世間にいるんです。そういう人の、フェミニストのイメージってめちゃくちゃなんですよ。

上野　それはその人の想像力の欠如です。

田房　伊藤詩織*さんがポリアモリーというライフスタイルをWebメディアで取材したんです※。お互いの合意を得て複数の人と関係を築くライフスタイルのことらしいんですが、取材しただけの伊藤詩織さんをなぜか叩く人たちがいたんです。その中には「『レイプされた』と性に対する厳格さを売りにしている人物が、性の奔放さを推奨している矛盾に不快感を覚える」というような意見もありました。どこから突っ込んでいいのかわからないぐらいトンチンカンな批判なんですけど、その人たちは本気でそう思ってるみたいなんです。

上野　女性が自分の欲望に従って自由に性交渉することと、あなたにここで欲情されたくないって思ったり、拒否の意思を示すことはちっとも矛盾しない。

田房　本当に、矛盾なんてまったくないです。でも「フェミニスト＝性に厳格、性的なことやエロが嫌い」っていうイメージを持つ人がいて、そういう人からするとフェミが男に欲情したり、されたりすることが矛盾に見えるようなんです。

上野　それは完全なカン違い。男をひとかたまりの集団で見てるから、自分に欲情しない女は、男全体に欲情しないって、カン違いしてる。反対に、男は自動人形のように、ありとあらゆるところで女というカテゴ

*【伊藤詩織】 1989年–／ジャーナリスト／自身が受けた性暴力を実名（当初は「詩織」名義）、顔出しで訴えた。日本で#MeToo運動が広がるきっかけとなった／『Black Box』

※http://jiyukon.com/?onemedia

リーにムラムラできる単純な生き物なのかも。初対面の女でも、性的なパーツを見たり、触れたりしただけで簡単に勃起しちゃう。だからこそ、性産業が成り立ってる。なんてシンプルなボクちゃんの性欲！　もうちょっと恥じろよって思うけどね。萌えポイントが単純なのよ。その上、自分がそうだからみんなそうだって思っちゃう。大間違いよ。男は女のパーツに欲情するのであって、女の人格に欲情するわけじゃない。女という人格をパーツに還元できるから欲情できる。そういう客体化の操作を無意識にやっている。でも女は無差別に不特定の男から欲情されたいわけじゃないよね。そんなセクハラ的環境で生きてたら、ほんとに体中鳥肌が立つわよ！　特定の対象と特定の状況のもとではじめてムラムラする。今ムラムラされたくても、別な時はされたくない。これ、矛盾しないよね？

田房　しません！　でも両立しないって主張する人間もいるんです。

上野　なんでそんなに想像力がないんだろう！

田房　そうなんです。フェミ的な発言をすると、なんでそんなことまで説明しなくちゃいけないのって思うようなことを言われる。

上野　**「あんたには欲情されたくねーよ」って言っておしまいよ。**

田房　あはは！　終了！

上野　強制終了（笑）！

モテる女はおとせる女？

上野　しかし、なんでそういうことが問いとして成り立つのかしら。フェミであることと男性とのエロス的関係が両立できるのかどうかなんて。

田房　ふだんから男性社会に怒りを持っていると、夫と仲良くしたいと思っているのに、夫の背後に男社会が見え隠れしてイライラしてしまう、そういう悩みもあったので……。

上野　それはあるよね。お互い歴史と社会を無意識に背負ってるから。**私は、セックスを「裸の付き合い」って思わない。裸になったとたんに、数千年の男と女の過去や歴史を背負って向き合うんだから。**

田房　数千年!?　どういうことですか（笑）？

上野　なぜ私が異性愛者であり、なぜ男とセックスできるかって言うと、ヘテロセクシュアリティ*の長い歴史が私にインプットされてるからなのよ。男に欲情しやすいのよ。こんなに簡単な相手はいないもの！

田房　はじめて聞きました、その概念！　そんなこと考えたこともなかったです。

上野　ああ、そう？

田房　そうですよ！　アダムとイブ的な話ですか？

上野　それも含めた数千年間のヘテロセクシュアリティの歴史がある。それを私たちは学習して身体化してる。**欲情するのは性器じゃなくて大脳。**だからゲイやレズビアンの人たちは大変だと思う。モ

＊【ヘテロセクシュアリティ】　異性愛。異性に対して恋愛感情を寄せ、性的な欲求を感じる性的指向。

デルなき性愛を自分たちで開拓しなきゃいけないから。異性愛者の私たちは安直なのよ。だから自分も相手も、簡単に乗せられる。

田房　やばい！　ちょっと待って、今までの概念がっ！

上野　そんなにびっくりすること？

田房　考えたこともないです。セックスが裸の付き合いじゃないなんて。

上野　たとえ裸になったとしても、私たちは数千年の歴史を背負ってるから。どうやってベッドでふるまうか、なんで知ってると思う？　誰も歴史からは自由になれないの。だから男は簡単におとせるんじゃない。

田房　え、簡単ですか？

上野　女がその気になれば。あのね、いい？「モテる女」っていうのは「テマをかけずにおとせる女」の単なる別名よ。

田房　それ、その話、すっごい聞きたいです！

上野　あははは！

田房　おとせる女がモテる女なんですか？

上野　男のアイデンティティは脆弱だから、自分が拒否されると傷つく。だからおとしやすい女、おとされる気まんまんの女がモテる女なの。

田房　なーるほどっ！

上野　超簡単でしょ。

田房　具体的に、どうやるんですか（笑）？

上野　そういうメッセージを発信すればいいだけ！「私、その気です」って。モテたきゃ、そうやってふるまえばいいの。

田房　……。

上野　あれ？　どうしたの（笑）？

田房　私、なんか、まったくモテないんですよ。

上野　だからそういうオーラを発してないのよ。

田房　発してないと思う。結婚するまでは周りの男性が自分に気があるとか、ないとかわかったのに、一切わからなくなってるんです。ていうか、私という女に気のある、欲情してくれる男性は夫以外、今この世に一人もいません。

上野　つまり夫以外の男に、あなたが興味なくなったのよ。

田房　そっか。相手が私に興味ないんじゃなくて、私が興味を持たなくなったんだ！

上野　必要は発明の母だから（笑）。必要がなくなったのよ。よかったね。

田房　よかった。よかったのか（笑）？

上野　**必要なもの＝欠けたもの。**「ニーズ needs」って言うでしょ。欠けたものを満たすために「必要」がある。つまり、男にモテる必要がなくなったってことは、満たされてるってことじゃん。素晴らしいことよ！

田房　やった（笑）！

上野　あなたの必要を満たすものが、ほかにあるからじゃない？　男に関心なくなるでしょ。

田房　ぜんぜんないんですよ。逆にそれを欠けた状態だって思ってました。

上野　それは「モテる女ってこういうものだ」って刷り込みがあるから。「私に欠けたものは何もない」って思えばいいじゃない。

田房　そうだ！　解決！

上野　ほしそうな顔をすればすぐに男は寄ってくる。超簡単よ。

田房　それがわかんなくなっちゃったんです。

上野　だから、必要がなくなったのよ。存在しないニーズを無理に掘り起こす必要なんてないじゃない。

田房　そうなんですね（笑）。

上野　以前、何年も男なしで過ごしてきた人に「彼氏ってどうやってつくるの？」って聞かれたから、「何年も男なしで過ごしてきたんだから、これから先もなしで大丈夫よ」って言ったのよ（笑）。

田房　必要になったら、やってるってことですね。

上野　そうです、そうです。

田房　じゃあモテない人は今は恋愛やその相手が必要じゃないんだって思えばいいんですね。

上野　必要じゃないオーラを出してるのよ。

私たちは山ほど洗脳されている！

上野　私、自分がオーガズムに達する時に「シナリオ通りだなー」って思うの。「安直だなー、よくできてるな、このシナリオは」って（笑）。

田房　どうういうことですか（笑）?!

上野　ゲイやレズビアンの人たちはシナリオがないから大変だろうなって。**異性愛セックスにまつわる退屈さって、歌舞伎と似てる。**歌舞伎は大衆演劇だから、これでもかこれでもかって観客を泣かせようと迫ってくる。涙を振り絞らせるの。でもシナリオがあらかじめわかってるのよ。「次はこうなって、その後はこうなって」って。わかってるんだけど、定石通りに泣けるの。オーガズムなんて、その程度のものじゃん（笑）。

田房　言われてみれば確かにその通りだけど、そんな視点で考えたことなかったです。確かに、段取りわかってますもんね。はじめての相手でもだいたい段取りは一緒だ。

上野　段取りがわかってるとほんとに退屈する。「ああ、やっぱりイっちゃった」って。それに比べると、セクマイ（セクシュアル・マイノリティ）の人たちはチャレンジングだと思う。「ごくろうさまです、申し訳ありません」って（笑）。

田房　なんで謝るんですか（笑）。

上野　レズビアンの友だちがたくさんいて、彼女たちから「ヘテヘテ（ヘテロセクシュアル）のチズちゃん」って呼ばれてた。彼女たちにも「ブッチ」とか「フェム」とか、役割分担があるでしょ。

田房　「ブッチ」と「フェム」って何ですか？

上野　「タチ」と「ネコ」とも呼ぶよね。大雑把に言えば男役と女役。私はそれが不思議で、「なんでそんな役割分担するの？」って聞いたら、あるレズビアンの人が「性愛に異性愛しかモデルがなかったからよ」って言ったの。すっごい腑に落ちたわ。今はその役割分担がなくなってきて、ゲイもレズビアンもタチとネコの区別がなくなってるみたい。それぐらい進化してきてるってことでもあるよね。

田房　うわー！　なるほど、そんなの考えたこともなかった。

上野　性愛だって学習して得るもので、私たちは無意識のうちに、山のように洗脳を受けてきてる。**なぜ人は恋愛をした時に、これが恋愛だとわかるのか。**現代のメディアだけじゃなく『源氏物語』みたいな古典も含めて、すでに恋愛とは何かを学習してるからこそ、自分の感情に対して「これはあの本で読んだ恋愛ってものだわ」って名付けができる。言葉の力って、ものすごく人を縛るからね。

＊**【コリン・ウィルソン】** 1931–2013年／イギリスの評論家、小説家／『アウトサイダー』『オカルト』など。

イギリス人のコリン・ウィルソン[*]って作家が『殺人百科』という本で、少年が大好きな少女をメッタ刺しにした事件を分析しているの。「もし少年がセックスを知っていれば、彼は少女を殺さなかったかもしれない」って。「人と関係したい」とか「相手に踏み込みたい」っていう感情を、どういう手順で表現するか、そのためのツールがなかったから刺してしまったんじゃないかってこと。だから経験を表現する言葉のメニューはできるだけ多い方がいい。ドキドキしたり、自分がどうしようもなく惹き付けられたりしたら、「この感情はあの漫画で読んだ『恋愛』ってやつだ」って名付けをするわけ。
逆に言えば、あらかじめ言葉を知らないことは表現できない。**私たちフェミニストがやってきたのは「あれはセクハラだ」とか「あれはDVだ」って名付けをすることだった。**あらかじめ知っていれば「これはセクハラだ」ってわかる。後で知れば「あの時のモヤモヤを振り返ってみれば、あれはセクハラというものだったのね」と、過去の経験の再定義もできる。感情って言語化されないと経験にならないのよ。

子ども向けアニメ、漫画で進む男子と女子のミスマッチ

田房　そう考えたら、子どもの頃に触れる漫画やアニメってすごく重要なんですね。恋愛や性については親や先生からじゃなくて、そういうメ

ディアから学ぶ人がほとんどじゃないですか。今の子どもたちはSNSやYouTubeのような入り口もあるけれど、漫画とアニメの影響も少なくありません。ところが小学生男子向けの漫画やアニメって、男性が女性に欲情するシーンがすっごく多いのに、女性にはぜんぜん主体性がないんです。

上野　そうなの。男の子向けの漫画ってものすごい保守的よね。

田房　出てくる女の子キャラにはふたつのタイプがあって、ザックリ言うと、エロいボディを見せつけて主人公の男の子に鼻血を出させて「うふん、いやん」とか「おっぱい見てたでしょ」って男の性欲を肯定する子と、鼻血を出してる主人公を「コラ」って言いながらハリセンで叩く子、って感じです。女の用途別使い分け、分業が、この時点ですでに始まってるんだなと思う。

上野　どっちにしろ女の子に性欲はないのね？

田房　ないです。いわゆる積極的な痴女キャラみたいなのがいたりして、その子が「女にも性欲がある人もいる」という部分のすべてを担っている感じ。『ドラえもん』のしずかちゃんは、欲情される役と「コラ」と叱る役の両方を兼ね備えていて、なんだかもう……という気持ちになります。

上野　**メディアは洗脳装置だから。子どもは洗脳されて、その文化の中で育つ。**男の子と女の子が別の漫画を読んで育てば、完全に異文化になる。その異文化同士がカップリングしようと思ったら、当然ミスマッチになるよね。

田房　日本の子ども向けのアニメはそういうジェンダー意識が昭和初期のままだと思います。

上野　それこそあなたの出番！　性差別的なメインカルチャーに対抗する異文化のカルチャーが必要。「ここに別のシナリオがあるよ」「別の選択肢があるよ」ってことを誰かが発信しなくちゃいけない。**文化には文化で対抗しなくちゃいけないから。**

田房　最近すごくそう思っていました。母親の視点から言ってても、どうにもならないなって。どうしても「表現を潰す」っていう文脈になっちゃうし、そういう作品を好きな人を傷つけることになるし、敵もむやみに増えてしまう。やっぱり漫画家として、土俵に上がるしかないと思います。

上野　それを一生懸命やってくれたのが、私たちの世代では石坂啓*さん。少数派だったけどね。それから岡崎京子*さんとかの少女漫画家が、能動的な女の子たちを描いてくれた。そういう対抗的な文化からメッセージを発信しないことには変わっていかない。男の子カルチャーを全部なくせとは言えないけど、それと張り合うぐらいまで対抗文化を大きくしていけばいい。子どもに伝わる芸があるかないかで、できることがぜんぜん違ってくる。小学生に私の本を読んでくれって言えないからさ（笑）。

田房　私も今の漫画の描き方じゃ伝わらないので、それが目標です。

上野　使命感があって、いいですね。少女漫画研究者の藤本由香里*さんが言ってたんだけど、少女漫画の登場人物はどんどん変わっていってるって。性欲もあれば、職業的に自立もした女の子が描かれてるみたい。ディズニーアニメも変わってきてるんでしょ。大衆文化は、社会の変化と影響し合う。

田房　確かに、女子向けの漫画やアニメは変わってきてますね。ただ男

＊**【石坂啓】**　1956年−／漫画家、作家／『キスより簡単』『赤ちゃんが来た』『男嫌い』など。

＊**【岡崎京子】**　1963年−／漫画家／『pink』『ヘルタースケルター』『リバーズ・エッジ』など。

＊**【藤本由香里】**　1959年−／評論家、日本マンガ学会理事／『私の居場所はどこにあるの？』など。

子向けは、そんなに変わってないように見えます。

上野　それじゃミスマッチのギャップがどんどん広がるね。これで女の子がそういう男を選ばなくなれば一番健全。そうやって淘汰されていけばいいんだけど、逆ギレされると困るのよね。

田房　逆ギレの権利を持ってますからね。

上野　いや、逆ギレの権利は誰にもない。逆ギレして、人の生命や安全を脅かす権利なんて誰にもありません。

田房　そっか、そうですね。

上野　漫画は男向け、女向けの壁が厚いのかしら。ジェンダー越境消費っていうんだけど、少女漫画を男の子が読んだり、逆に少年漫画を女の子が読んだりはしないの？

田房　子ども向けのアニメは越境して見てる感じですが、漫画雑誌はくっきり分かれてる感じがあります。

上野　作ってるのがおっさんなんだよね。

田房　私たち世代のおっさんだと思う（笑）。

上野　少女漫画をどんどん男の子に読ませたらいいのにね。

田房　男子向け漫画はおしり、おなら、うんこって感じだし。

上野　あっははは！

田房　テレビで流れている小学生男子向けのアニメで「おかまを笑う」みたいな描写もいまだにあってビックリします。

上野　そういう漫画を親が子どもに無防備に与えるのかしら。

田房　止めようがないんです。親が止めていても、入ってきちゃう。

オーガズム、それが私の革命！

上野　もっと成長したらネットでエロ動画を見るしね。それこそ完全にマッチョな文化。そこでセックスって何かを学習する。

田房　私は完全にAV世代です。

上野　AVでセックスを学習する子は多いみたい。AVでセックスを知った世代の子たちは、愛と性が違うものだってことを知ってる。それは愛と性が一体になってた時代の抑圧よりマシかもしれないけど、愛を知る前に風俗やAVで性を知って、性はこんなもんだと洗脳されてしまった女や男のその後は悲惨だなって思う。雨宮まみ*さんの『女子をこじらせて』を読んで、そう思った。

田房　悲惨です。私たちの世代ってものすごく貧弱だと思う。セックス観も男女観も恋愛・結婚観も。夫婦の関係にしてもそうだし。その中でも性に関してはとくに貧しいと思います。ぜんぜん豊かじゃないと思う。

上野　セックスのハードルは下がったのに、ちっとも自由でも解放的でもないのよね。

田房　セックスは男主導でするものっていう感覚が植え付けられている世代だと思います。セックスで女が主導する側になるのは自然なことではなく、「積極的」という形容詞が必ず付く感じ。「淫乱」とか。私が高校生の時はちょうど女子高生ブームだったんです。でもその頃の性や男

＊**【雨宮まみ】**　1976–2016年／ライター／自伝的エッセイ『女子をこじらせて』（2011）で「こじらせ女子」という言葉を生み出す／『東京を生きる』など。

女交際の感覚って、圧倒的に男の子が主導権を握るものでした。高校生だからかもしれないけど、女の子が自分のしたいセックスを考えて、それに見合うパートナーを選ぶとか、そんな感じはまったくありませんでした。相手が本気がどうか見極めるとか、ヤリ捨てされないように気をつけるとか、そういうのばっかり。

上野　受け身で選ばれるってことね。

田房　はい。でも一方で、マスメディアでは強い女子高生のイメージがフィーチャーされたんです。

上野　消費される女子高生ね。

田房　ブルセラとか援助交際とか。私たちは10代でそういう価値観に晒されてたんです。今考えるとそれこそ性暴力なんじゃないかって思うんですが、当時は受け入れるしかなかった。バブル世代の女性たちとセックスの話をした時、驚きました。**私たちの世代ってフェラチオ世代**だと思うんです。

上野　男に尽くすセックスってこと？

田房　はい。セットになってるんです。ハンバーガーにポテトがついてくるみたいな感じで、セックスにはフェラチオが入ってるんです。

上野　フェラチオとクンニはセットなの？

田房　それがセットじゃないんですよ！　**バブル世代はクンニ世代**だと思うんです。バブル世代の人と話してると「なんでフェラチオなんてするの？」って驚かれたりします。

上野　男がご奉仕する時代だったからね。女の価値が高かったのよ、あの時代。売り買いできる商品として女性性の価値が高かったの。

田房　それがバブル崩壊後、10年ぐらいで変わったんじゃないかと思う。

上野　北原みのり*さんが『アンアンのセックスできれいになれた？』で「an・an」の40年史を書いていて、それを読んで思ったのは「そしてみんな風俗嬢になった」ってこと。あなたたちの世代の女は、お金ももらわずに男に尽くしてるの？

田房　それがふつうのことだと思っちゃってたんです。

上野　AVで学習したのかな？

田房　その影響はめちゃくちゃでかいと思う。新作を紹介するコーナーがテレビでふつうに流れてるぐらい、身近なものでしたから。

上野　野蛮な時代でしたね。

田房　私が断言していいかわからないけど、断言しちゃいますけど、私たち世代の男性は、セックスの価値観も深刻に貧弱だと思います。私はけっこう、どんな女性ともすぐセックスの話をしますが、彼氏とか夫がむちゃくちゃ上手で極上のセックスを常にしてもらって満たされている、という女の人にはほとんど会ったことがありません。セックスに満足してるという女性の相手はほぼ100％セフレです。そりゃ夫婦間のセックスレスも増えるでしょって思います。女性の気持ちよさよりも、男の欲情とか射精が優先されるっていうか、それこそをセックスと呼ぶと思ってる感じ。女のオーガズムなんて実在しないと思ってませんか？　という。

上野　それもAVの刷り込みなの？

田房　女がイクのは特別なことって扱いだったと思います。たくさんセックスしているAV女優しかイケないみたいな。「イクと花火が見えます」とか「宇宙に飛びます」とか、もはやオカルトチックな体験として語られているAVを見たことがあります（笑）。オーガズムどころか、「女からヤリたがられると萎える」とかって男も珍しくないし、男が気

＊**【北原みのり】**　1970年−／作家。女性のためのセックストーイショップ「ラブピースクラブ」代表／『メロスのようには走らない』『毒婦。木嶋佳苗100日裁判傍聴記』など。

持ちよく欲情と射精ができるように女が演じなきゃいけない不自由さがあると思います。

上野　さっきの男の子向け漫画みたいに、今でもそういう感覚は残ってる。

田房　女だって性欲があるし、男と一緒で、セックスでオーガズムに達することができる。どうしてそんな当たり前のことが難しいんだろう、って思います。

上野　森瑤子*さんがデビュー作の『情事』を書いたのが37歳。「夏が、終わろうとしていた」って印象的な書き出しで、30代後半、既婚女性の性愛を描いたの。当時すごく支持されたのよ。彼女はそこで「セックスを反吐《へど》が出るまでやりぬいてみたい」って書いてた。それを読んで私は「あ、やってるからいいわ」って思ったけど（笑）。

田房　やりぬいてたんかい（笑）！

上野　今は順調に性欲は低下していますが（笑）。

田房　女性の性欲のピークっていつ頃なんでしょうか？

上野　人によって違うと思うけど、やっぱり30代半ばじゃないかな。男のピークとは微妙にズレるかも。

田房　40代がすごいって聞いたこともあるんです。

上野　昔は「しじゅうしざかり*」って言いました。

田房　そんな感じぜんぜんしないんだよなー。

上野　へー（笑）。でも年齢と共に、セックスのクオリティは高くなる

＊**【森瑤子】** 1940–1993年／作家／『情事』、訳書として『スカーレット』など。

＊**【しじゅうしざかり】**「三十させ頃、“四十し盛り”、五十ゴザむしり、六十ろくに濡れずとも」という女性の性欲を表す言葉。30代は言い寄られ、40代は女性側から望み、50代はゴザをかきむしるほどよくなり、60代は濡れなくなるがやっぱりしたいという意味。

かもよ。セックスにも質と量があるから。今はセックスのハードルが下がったのに、セックスのクオリティが下がったように思える。私たちがやってきた性革命、あれはなんだったのかって。五月革命のパリでは、「オーガズム、それがボクの革命なんだ」っていう標語があったのに（笑）！

田房　もう一度書いてほしいですよ。スカイツリーとかに。

上野　「ボク」じゃなくて「ワタシの革命」に変えなきゃいけないね（笑）。

4章を終えて 田房

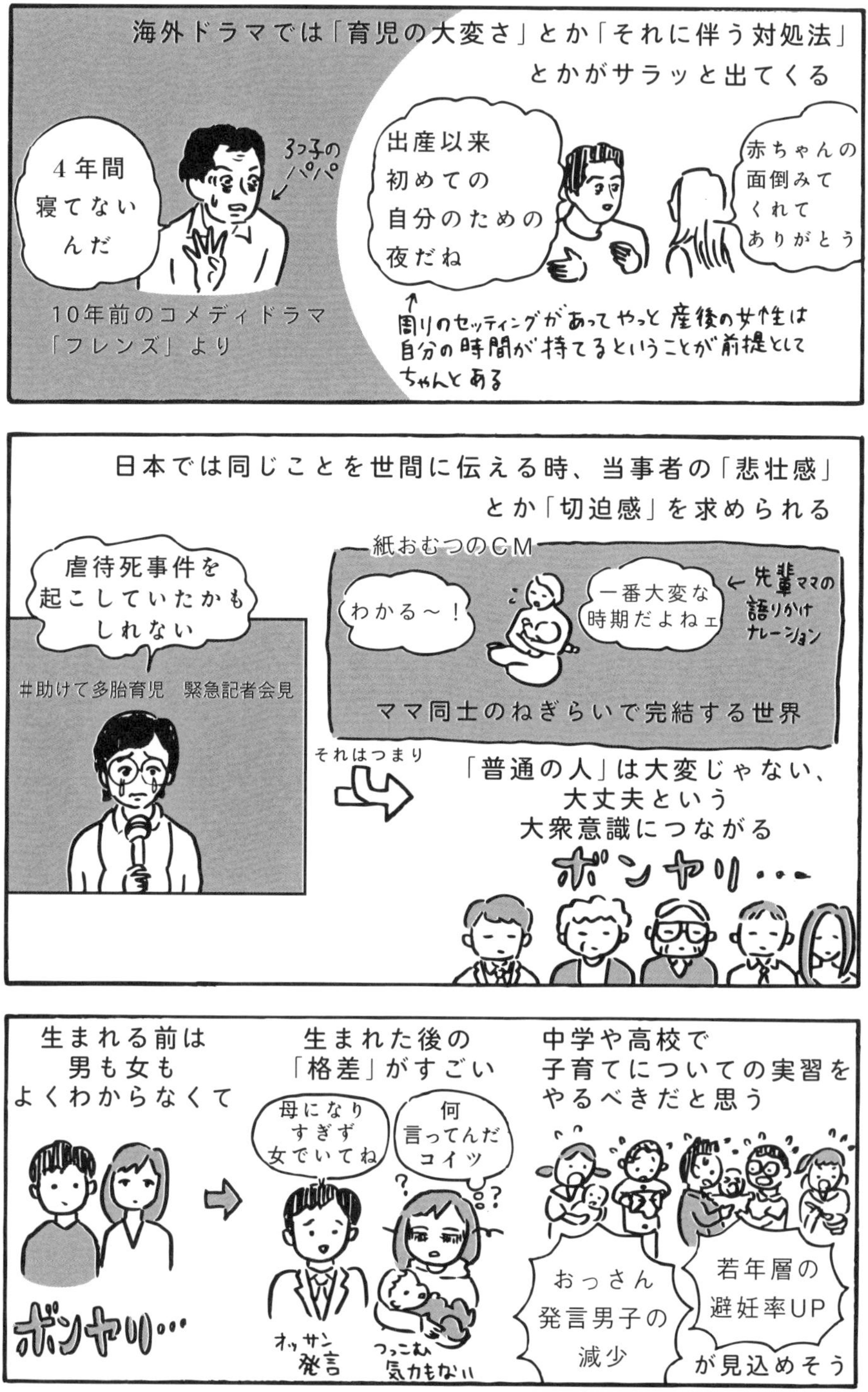

海外ドラマでは「育児の大変さ」とか「それに伴う対処法」とかがサラッと出てくる
4年間寝てないんだ
3つ子のパパ
10年前のコメディドラマ「フレンズ」より
出産以来初めての自分のための夜だね
赤ちゃんの面倒みてくれてありがとう
周りのセッティングがあってやっと産後の女性は自分の時間が持てるということが前提としてちゃんとある
日本では同じことを世間に伝える時、当事者の「悲壮感」とか「切迫感」を求められる
虐待死事件を起こしていたかもしれない
#助けて多胎育児　緊急記者会見
紙おむつのCM
わかる～！
一番大変な時期だよねェ
←先輩ママの語りかけナレーション
ママ同士のねぎらいで完結する世界
それはつまり
「普通の人」は大変じゃない、大丈夫という大衆意識につながる
ボンヤリ…
生まれる前は男も女もよくわからなくて
ボンヤリ…
生まれた後の「格差」がすごい
母になりすぎず女でいてね
何言ってんだコイツ
オッサン発言
つっこむ気力もない
中学や高校で子育てについての実習をやるべきだと思う
おっさん発言男子の減少
若年層の避妊率UP
が見込めそう

第5章

私はフェミニスト？

フェミニストはモテない、嫌われる、いじられる？

田房　私は自分で「フェミニストです」って言ったことがないんです。人から「田房さんはフェミだ」と言われるから、「フェミニストなのかな」って思うようになりました。いまだに自ら名乗ることには少し戸惑いがあります。

上野　ちょっと聞いていい？　フェミニストにどんなイメージを持ってる？

田房　私の中では自由な女性のイメージです。「イヤなことはイヤだ」って主張できたり、上下関係がなかったりするような。

上野　そのイメージはどこで得たの？

田房　北原みのりさんからです。10年前に北原さんのトークショーがあるワークショップに行って、それまで「フェミニズム」は遠い世界の言葉って感じだったけど、そこで「私が考えてたことは『フェミニズム』だったんだ！」と電撃が走るような感覚がありました。でも、「フェミニストです」って公言するのには抵抗がありました。

上野　それはなんでだろう？

田房　それはもう、社会にぜんぜんそういう空気がないから。

上野　「フェミニストです」って言ったら、ロクなことにならないみたいな？

田房　はい。むしろ「言わない方がいい」って言われちゃうんです。フェミニストのイベントをやろうとしたら、主に同世代の人たちに「フェミニスト」って言葉を使わない方がいいって言われました。「アクティビスト」とか別の言葉を使った方がいいって。

上野　それフェミ隠しね。隠れキリシタン*みたい。私も同じことを言われました。

田房　フェミ隠し（笑）。

上野　本のタイトルに「ジェンダー」とか「フェミニズム」って言葉を使わない方がいいって。読者にひかれる、売れないって理由で。それが事実かどうかはわからないけど。

田房　その時、すごく悩んで考えたんですけど、ならば敢えて「フェミニズム」「フェミニスト」って付けた方がいいと思いました。今は亡きフェミニストたちや、先輩フェミニストたちの活動あってこその今なんだから、その人たちも巻き込んでしまいたいなって。あと、そこまで印象の悪い言葉なら、むしろよくなるまでの行程がおもしろそうだなと思ったし。なのに、個人的に自分を「フェミニストです！」と言うのにはためらいがある。

上野　あなたはいい環境でいいフェミニストのサンプルに出会って、ポジティブなイメージを持ったみたいだけど、一般的にはメディアから受けるネガティブなイメージの影響が強いみたいね。「フェミニストといえば田嶋陽子*」っていう世代があって、その人たちにはテレビで田嶋さんが叩かれてるイメージしかないみたいなの。

田房　私の世代はがっつりそのイメージです。「フェミニスト＝田嶋陽子＝男にモテない」みたいな。

＊**【隠れキリシタン】**　江戸時代に幕府が禁教令を布告してキリスト教を弾圧した後も、密かに信仰を続けた信者。

＊**【田嶋陽子】**　1941年–／女性学研究者、元法政大学教授、元参議院議員／1990年以降、オピニオンリーダーとしてバラエティ番組を中心にテレビでも活躍／『愛という名の支配』『ヒロインは、なぜ殺されるのか』など。

上野　ネガティブなイメージ？

田房　すっごくネガティブ。

上野　モテない、嫌われる、いじられるって。

田房　バカにされるし、笑われるし。そういうテレビでの田嶋陽子さんのイメージだけが強烈にあって、ほかには誰もいなかったと思います。

上野　メディアがそういう扱い方をしたからね。彼女はけっして孤立していない。最近、田嶋陽子の歴史的再評価が進んでいるようです。「メディアと女性」というテーマで田嶋さんの影響を研究してる人もいるし、「エトセトラ」VOL. 2の特集が「We ♥ Love 田嶋陽子！」でしょう。そういう時代がきたのかって感慨深い。田嶋さんってすごく人柄のいい人なのよ。研究者としてもいい論文書いてるし、もっと評価されていい人だよね。

テレビ番組やCMは炎上して学習してもらえばいい

田房　私たちの世代には田嶋さんみたいな人がいないんです。フェミのアイコンみたいな人。

上野　あなた方の世代は「あんなことやるとロクなことにならん」って学んだわけよね。叩かれるし、いやがられるし。私と同時代のアイコンとしては田中美津さんがいるけど、知る人ぞ知るって感じ。私は活字メディア限定の人だから、テレビのようなマスメディアに登場したのはほとんど田嶋陽子さんだけだった。メディアはそもそもフェミの女を出さなかったし、出してもフェアな扱いはしなかった。私は90年代に入ってからテレビ露出をやめたの。バカバカしくて。そのほかの女たちは田嶋さんを見て学習して、やめた方がいいと思ったんだと思う。だからメディア的なアイコンがいない。

最近、ルース・ベイダー・ギンズバーグ*（RBG）っていうアメリカ初の女性最高裁判所陪審判事の映画が公開されました。アメリカにはベティ・フリーダン*とかRBGみたいな、60年代以降のフェミのアイコンがいる。日本にはそういう存在がいなくて、あってもネガティブイメージだけなのかな。

田房　上野さんがアイコンになるんじゃないでしょうか。

上野　私はもう下り坂の人だから。ポスト上野がいないとダメなのよ。だって高齢者よ。間違えないでほしい！

田房　これからまた担ぎ出そうと思ってました……（笑）。

上野　40歳になった時にテレビと縁を切ったの。見ないし、出ない。時間のムダだから。

田房　凶暴ですよね、テレビの世界って。

上野　そうよね。遙洋子*さんは関西メディアを中心に活躍していたけど、

＊**【ルース・ベイダー・ギンズバーグ】**　1933年-／アメリカ最高裁判所陪審判事／アメリカ自由人権協会（ACLU）による女性の権利プロジェクトの立ち上げに尽力し、弁護士として性差別の裁判に携わる。1993年にビル・クリントン大統領に指名されて女性として史上二人目の最高裁判事となった。2019年現在も現役。ドキュメンタリー映画『RBG　最強の85才』（2018年制作／アメリカ）がある。

＊**【ベティ・フリーダン】**　1921-2006年／フェミニズム運動家／『新しい女性の創造』（1963）がウーマンリブに多大な影響を与えた。1966年にアメリカ最大の女性組織、全米女性機構（NOW）を創設、1970年まで会長を務める。

＊**【遙洋子】**　タレント、作家／1997年から東京大学で上野千鶴子に師事、『東大で上野千鶴子にケンカを学ぶ』（2000）がベストセラーになった。

「自分はいじられる女のシンボルだった」って言ってました。シングルは結婚できない女として嘲笑される、それが彼女の役回りだったって。

田房　ついこの間も女芸人を「醜女《しこめ》プリンセス」として扱う番組があったんですよ。

上野　醜女？　今どきそんな言葉が!?

田房　「踊る！　さんま御殿!!」です。

田　房  解　説

「踊る！　さんま御殿!!」

明石家さんまが多数のゲストと話す日本テレビ系列の人気番組。毎回テーマに合ったゲストが迎えられる。外見の美醜や地域、既婚か独身かなどの「差」を取り上げることがほとんどだが、「格差」を強調する傾向がある。「美女と醜女」というテーマで2018年にネットで炎上したものの、2019年6月も「醜女プリンセス」という言葉を使っていた。

上野　炎上しなかったの？

田房　その時はもはや誰も何も言ってませんでした。

上野　最近、性差別CMは即炎上するよね。

田房　しますね。昔はどうでしたか？

上野　日本ではじめて性差別だと告発されたCMは1975年のハウス食品工業のインスタントラーメン。「私作る人、僕食べる人」ってコピーが問題視されたの。これは歴史的事件よ。樋口恵子*さんたち、「国際婦人年をきっかけとして行動を起こす女たちの会*」が性別役割分担を押し付ける表現だって抗議したの。CMは「新商品に切り替える」という理由で打ち切りになったんだけど、メディアは「少数派がヒステリックに

騒いでる」って叩いたのよ。今はツイッター上で炎上があれば、企業は即取り下げるようになりましたね。

田房　でも取り下げるだけで議論は進まないんです。女の人たちがなんで抗議してるかわからないし、考えようともしてくれない。とりあえずやめるって感じだから。

上野　そんなものよ。セクハラだって当初は「ボクちゃんのどこが悪いの？」って思ってる男ばっかりだったもの。それでも裁判が次々起きて、勝訴率が高くなり、賠償金が高くなっていくと「これやるとヤベーぞ」って男性も企業も学習するようになった。

田房　その方法でしか、変わっていかないんですよね。自発的な変化は期待できない。

上野　男性文化は異文化なんだからさ。そうやって少しずつでも学習してもらえばいいと思うよ。

*【**樋口恵子**】 1932年-／評論家、NPO法人「高齢社会をよくする女性の会」理事長／『おひとりシニアのよろず人生相談』など。

*【**国際婦人年をきっかけとして行動を起こす女たちの会**】 1975-1996年／ウーマンリブに共鳴した30-40代の女性が中心になって、分断されている女たちに連帯を呼びかけた。女性アナウンサーの性別役割分業への抗議、家庭科の男女共修や出席名簿の男女混合の運動を推進。1985年に「行動する女たちの会」に改名。

フェミニストのイメージが変わってきた！

田房　2018年末にはフェミを理解する女性たちからも「イベント名にはフェミニズムって入れない方がいいよ」って言われてたのに、今年（2019年）から急に空気が変わったような気がします。フェミニズム、フェミニストって言葉から重さが少しなくなったような。

上野　それは私も感じます。空気が変わったって感じは確かにある。伊藤詩織さんが声を上げて以来じゃないかな。**今回の盛り上がりは、リブが盛り上がった時とは違う。**リブの時は盛り上がったといっても、世間の空気は今と比べられないぐらい冷ややかだった。マスコミはこぞって叩いたし。それは大きな違い。

田房　堰《せき》を切ったようにフェミを名乗る人たちが現れてきて、そこに上野さんの祝辞だったんです。大きな流れの変化を感じました。

上野　フェミニストと名乗ることにためらいのない人たちが登場しましたね。あなた方の世代はフェミに対してネガティブなイメージを持っていて「名乗るとロクなことにならない」「男を敵に回したくない」って思ってしまった。ところがその次の世代、今の20～30代はフェミに対してネガティブなイメージがない。何も知らないから新鮮なのかも。それで「フェミニストってけっこう言ってくれるじゃん」って思うみたい。でもそれはグッド＆バッド。あなたが「A面B面」って言葉で表現したことに対して複雑な心境になるのと同じ。若い世代の子には、フェミに対してネガティブなイメージもなかったけど、ポジティブなイメージもなかったってこと。つまり私たちがやってきたことがまったく伝承されてないのよ！

女がオナニーの話をすると、若い人は新しくて画期的なことだって言うんだけど、私たちは半世紀前からやってた。**歴史が断絶して、つながってなくて、ふっと後ろを見たら「あれ、誰もついてきていない」みたいな。**

田房　海外から来たオシャレなものって思ってる子もいるみたいです。私たちの世代はフェミニスト＝田嶋陽子でしたが、今の10代はフェミニスト＝エマ・ワトソン*。

上野　それ、聞いたことある。やっぱり外国から入ってきたのか。ずっと続けてきたことなのに「再発見」って言われてしまう。これほど断絶してしまったのはなぜだろうって考えるの。空気が変わったことは喜ばしいけど、じゃあ半世紀、私たちがやってきたことはなんだったんだろうって。なんでこんなに伝わらなかったんだろうって思う。「世の中を変えられないのはフェミのせいだ」とまで言われるのよ。私たちが非力だった？　確かに非力だったのは事実だけど、それは私たちの罪なのか（笑）？

田房　ここへ来て急速にフェミニズムが盛り上がってきた裏で、長い時間をかけて育ってきたものもありますよね。この数年、フェミ的な小説や漫画が次々と生まれていたり、いろんな表現の分野で声を上げる人が現れています。それは女性の闘いの長い歴史を土台に、リブから続く運動の成果として、ようやく花開いたことの表れだと思うんです。

＊**【エマ・ワトソン】**　1990年–／イギリスの女優／映画『ハリー・ポッター』シリーズのハーマイオニー役で知られる。近年はフェミニストとして募金やスピーチなど様々な活動をしている。2014年国連組織 UN ウィメンの親善大使に任命される。同年の国連スピーチ「He For She」が話題を呼んだ。2019年にはG7の諮問委員会に出席した。

上野　それはそう。私たちの次の世代は、女も男もいったんフェミの洗礼を浴びてるのよね。だから男性の中にもこれを通過しないと先に進めないって思った人たちがいる。中森明夫*や山崎浩一*みたいな書き手がいたし、星野智幸*のような作家もいる。あの世代にもフェミニズムの洗礼を浴びて、それにきちんと向き合わないといけないって思った男たちがいる。かえってフェミにシニカルな態度をとった男もいる。それだって洗礼を浴びたのは確か。

田房　フェミニストを名乗る人たちも突然現れたわけじゃなくて、上野さんの本やリブの人たちの運動を見て育ってきたんじゃないでしょうか。直接それを知らなくても、そういう方たちの耕した土壌で育ってきたんですから。

上野　でもね、やっぱり伝えるための芸、それが私たちに足りなかったのかなって思うのよ。前にある大学で「慰安婦」についての講演をしたら、「先生の慰安婦の話はボクの知ってる慰安婦の話とぜんぜん違う」って言いに来た男の子がいたの。「キミはどこで知ったの？」って聞いたら「小林よしのり*」だって。「私の本も読んでくれる？」って言ったら「先生たちのところに漫画描ける人いないの？」って言われたのよ。それで私、「ごめん、芸がなくて」って（笑）。
伝わってなんぼだからさ、伝えるための芸がいるじゃない。その点では田房さんには芸があるよね。雨宮処凛さんは若い頃、右翼と左翼*どっちの団体にも行ってみたんだって。左翼の集団は難しい言葉を使うけど、

＊**【中森明夫】**　1960年–／作家、アイドル評論家／『東京トンガリキッズ』など。
＊**【山崎浩一】**　1954年–／コラムニスト、評論家／『危険な文章講座』など。
＊**【星野智幸】**　1965年–／小説家／『目覚めよと人魚は歌う』『夜は終わらない』など。
＊**【小林よしのり】**　1953年–／漫画家／『ゴーマニズム宣言』『おぼっちゃまくん』など。

右翼はわかりやすいふつうの言葉を使う。それにおじさんが優しいんだって言ってた。それはあるよね（笑）。

田房　フェミニズムも表現が違ったらもっと広がっていたってことでしょうか？

上野　そこがわかんないの。私たちのやり方が悪いのか、それとも阻む力が強すぎるのか。だってあれだけ発信しても、マスコミは取り上げてくれなかったから。取り上げる時は歪めて潰すための報道ばっかりで。「こんなことをやるとロクなことにならんぞ」って、見せしめのような扱いを受けることもあった。

私はマスコミにはものすっごい恨みがある。つい最近も、「外国ではあんなに広まったのに日本で#MeToo*運動が広まらなかったのはなぜですか？」って聞きにきたメディアがいて。もうほんっとにムカついた。これだけ色んな動きがあったのに、あんたたちが報道しなかっただけだろう。取材に来なかったのはどこのどいつだよって！　元財務省事務次官のセクハラ問題の時、#MeTooの盛り上がりに呼応して「#WithYou」をスローガンにした緊急院内集会が開かれた。ある女性ジャーナリストがその取材に行きたいって言ったら、デスクに「報道する価値がないからやめろ」って言われたって。

田房　価値、ですか……。

＊**【右翼と左翼】**　政治的な立場を位置づける言葉。伝統的な意味では保守勢力を右翼（右派）、進歩派・革新・革命勢力を左翼（左派）と呼ぶが、具体的な思想や範囲は時代や国によって変化する。

＊**【#MeToo（運動）】**　セクハラなどの被害体験をツイッターやインスタグラムなどのSNSで告白・共有する際に使用されるハッシュタグ。2017年にハリウッドの映画プロデューサー、ハーヴェイ・ワインスタインによるセクハラ疑惑（のち性的暴行などの罪で起訴）が報じられたことをきっかけに、自らの性被害を告白する人が続出。瞬く間に世界に広がり、各地で大規模な抗議活動が行われた。

上野　ひどい言い方よね。だからメディアには恨みがいっぱいある。田嶋さんをあんなふうに扱ったこともだし。でもね、田嶋さんは自分に誇りを持ってると思う。なぜかっていうと彼女は参院選の比例区で50万票とった。それは彼女の絶大な自信になっていると思う。投票した女性たちが各地方にいて、「よく言ってくれた」って支持してるってことだから。彼女の講演、すごい人気だそうよ。そういう意味ではテレビで発信し続けるフェミニストは田嶋さん以外にいなかったけど、その影響を受けたフェミたちが各地に層をなして登場してきた側面もあるよね。

男は権力の側にいることを自覚している

田房　フェミニストが抗議したり、意見を言うたびに、「フェミニストは男が嫌いなんだろ」とか、「男の社会を乗っ取りたいだけだろ」って言う人が現れるんです。

上野　「フェミって、男みたいになりたい女のことだろ」とかね。それは完全な誤解。これってものすごく「男らしい」フェミニズムの解釈。私が東大祝辞で「フェミニズムは弱者が強者になりたいという思想ではありません。弱者が弱者のままで尊重されることを求める思想です」って言ったら、「そんな定義ははじめて聞いた」「それは違うんじゃないか」って言ってくる男性がいっぱいいた。**人は自分の間尺でしか他人を測れないのよ。だから女が権利主張したら「あっそう、ボクらみたいになりたいのね」としか理解できない。**男の想像力の限界ね。そうするとパワーゲームに新たなラ

イバルが参入するだけだから、自分の地位が脅かされると思うわけ。でもね、こっちからしてみたら「あんたらみたいになりたいなんて思っちゃいねーよ！」「こんなつまんない生き物になりたかねーよ！」って感じだよね（笑）。

田房　マジでほんとにそうなんです（笑）！　抗議されて「乗っ取りたいの？」って発想になる時点で、支配してる自覚があるはずなんです。

上野　自分たちが権力の側にいることは自覚してるでしょう。それに無自覚ってことはないはずよ。自分は権力の恩恵にあずかってない、ワリの悪い思いをしてるって考える男もたくさんいるけど、そういう男だって、男というだけで本来ならいい思いをしてるはずだ、と思ってるでしょう。

田房　わかってますよね !?　そこをうまく言わなかったりするのも権力ですもんね。でも無自覚にふるまう人もいませんか？　フェミっぽい話をしようとすると、「男を代表して謝ります、すいません」って言ってくる男の人がいるんです。「男でごめんなさい」みたいな。私あれがほんと、虫酸が走るほどイヤなんです。

上野　虫酸が走るほどイヤな理由はなあに？

田房　そういう男性は悪気がなくて、むしろこちら側に寄り添ってますって感じの人なんですよね。だから悪く言いづらいんだけど、女性差別の問題は長くて深くて大きい話だし、個人が個人に謝ってもらうとかそんな話じゃないから、「男を代表してごめんなさい」って言われると腹が立つんです。

上野　ボクはそれ以上その話を聞きませんってシャットダウンするようなものね。

田房　その「ごめんなさい」で誰も幸福にならないし、誰にもなんにも謝ってないんです。そもそも個人への訴えじゃないのに、小さくまとめられちゃう。

上野　男は、威丈高になるか、逃げるか、どっちかよね。

田房　**「男でごめんなさい」も撲滅したい！**

上野　相手と交渉して、相手を変えていくっていうのは、エネルギーと時間がいること。自分の人生のエネルギーと時間を投資していい男とそうじゃない男がいる。**投資するってことは愛があるってことだから、変えたい男を変えるしかないのよ。**

田房　そうか、家庭で一人一殺っていうのには、そういう意味もあるのか。確かにものすごいエネルギーが必要だから、よっぽどの相手としか葛藤できないです。

上野　エネルギー使うだけムダ、もったいないって男もいっぱいいる。

田房　そういう男の人に限って、自分はフェミニズムに理解があるって思ってて、なんか近くにいるんですよね……。

上野　はは！　寄ってくるよね（笑）！　そういう相手には、いちいちいやがらせ言ったり、いじったりしないの？

田房　放置しちゃいます。

上野　じゃあ私の方が親切かもしれない（笑）。突っこめばすぐに馬脚をあらわすから「今なに言った？」とか、「さっき言ってたことと違うよね？」とか、ねちねち言っちゃう。「すみませんって、何が悪いと思ってるの？」とかさ。

「フェミニスト＝男になりたい女」という誤解

上野　1985年に男女雇用機会均等法*ができた時、多くの男たちから「女捨ててかかってこいよ」っていう空気を感じたの。総合職女に対して「かかってこいよ、勝負してやるから」という高圧的な態度で接していた。その時、これから先女の子たちに「総合職を目指して歯をくいしばってがんばれ！」って言うのがフェミなのかって疑問がわいた。そんなはずないよね。「これはワナだ、こんなところに解はない」って思ったよね。総合職と一般職*で女を分断し、その後はさらに正規雇用と非正

＊**【男女雇用機会均等法】**「雇用の分野における男女の均等な機会及び待遇の確保等に関する法律」の通称。1985年に制定、1986年施行。企業の事業主が募集・採用や配置・昇進・福利厚生、定年・退職・解雇にあたり、性別を理由にした差別を禁止することなどを定めている。2007年の改正では出産・育児などによる不利益取扱の禁止や、男性に対する差別、セクシャルハラスメントの禁止などが規定された。2017年の改正では、マタニティハラスメントに対する禁止規定が制定された。

規雇用で分断し、結局のところ、2015年に施行された女性活躍推進法も含めて、**「雇用の男女平等」は女を男並みに働かせて使い倒すためのものだった**と思う。
私はフェミニズムを女が男並みになる思想だなんて思ったことなかった。メディアではフェミの誤ったイメージが流通して、「女の帝国」とか色々なカリカチュアが生まれてきたけど、男の真似したって何もいいことないでしょう。男の真似をするってことは支配者になる、権力者になる、抑圧者になる、差別者になる、ってことだから。ほかに被抑圧者や被差別者が生まれるだけなのよ。
大沢真理[*]さんっていうジェンダー研究者が、雇用機会均等法ができた時に英語の講演で「これはテーラーメイドの法律だ」って表現をしたの。その表現力の卓抜さに驚嘆した。テーラーメイドって紳士服仕立てって意味なのね。そのものズバリ、ものすごくうまい表現でしょ。田房さんも「世の中に、男物の洋服しか作られていなくて、仕方ないから体に合わないけどそれを借りて着ている[※]」って書いていたけど、それと同じこと。働きたかったけど、紳士服が着たかったわけじゃないのよ！

田房　だってないんですもん、服が！

上野　紳士服着て働くなんてイヤだって女は思ってるの。でもほかに着る服がなかったのよ。そこに男が「これが着られるんだったら、仲間に

*【総合職と一般職】　企業による採用コースの名称。1986年の男女雇用機会均等法を受けて、男女別で行われていた雇用管理を改めるために企業などで導入された。一般的に総合職は判断を要するような基幹業務、一般職は補助的な業務を行うとされる。導入された当時は「男性並みに働きたい総合職」と「結婚相手を見つけて寿退社を目指す一般職」といった対立構図で揶揄されることがあった。厚生労働省の調査委によると、2014年度入社の総合職採用者に占める女性割合は22.2%、一般職採用者に占める女性割合は82.1%となっている。

*【大沢真理】　1953年－／経済学者。『イギリス社会政策史―救貧法と福祉国家―』など。

※田房永子『男しか行けない場所に女が行ってきました』(イースト・プレス、2015)

入っていいよ」って言ったのが均等法。これにノルわけにはいかないよね。私たちが求めてたものはこんなものじゃないよねって思った。「ありのままの自分で何が悪いの」って思ってきたんだから。

新しく出てきたものはいったん、すでにある価値観の中で解釈されちゃうのね。だからおっさんが解釈すると、権利主張する女は「男の権力に取って代わりたい女たち」となってしまう。同じことは本当に何度も経験したわ。たとえば私が仲間を集めて研究会を組織するでしょ、すると先輩の男が「上野さんも子分を育ててるんですね」って言うの。そんなこと、夢にも思わなかった。その解釈でわかるのは、その男が研究会を作るのは、子分を育てるためなんだってこと。自分のふるまいをほかの人にも投影するのよ。親分子分関係でしか人間関係を考えられないのね。強者は弱者に対する想像力が貧困なんだよ。だから敢えて「フェミニズムは弱者が弱者のままで尊重される思想のこと」って言いたかったし、言わなきゃいけなかった。

女も戦争に行って はじめて平等？

上野　フェミニズムには「男ができることはすべて女もできる」って考えの一派がいる。英語で「Women can do it all」って言うんだけど。女だって警官にも消防士にも兵士にもなれるし、戦争だってできるって主張。

田房　女も兵士になってやっと男女平等だって考えなんですね。

上野　アメリカにはけっこう多い。日本にもいることにはいるけど、**日本はフェミニズムが平和主義とがっちり結びついてる。**アメリカには「男女平等なら女も戦争に行くもんだ」って考える女もいるし、反対に韓国のフェミニストは男たちから「兵役*に行かないのに平等を要求するな」って責められてる。兵役ってやっぱりつらいもの。男だってホンネではやりたくないでしょう。「こんな苦役をやらされてるオレたちと同じ平等を要求するなんてふざけるな」って、韓国の男は女にルサンチマンを持ってる。だからフェミ・バッシングは日本より厳しいよね。言い返す方も激しいけど。

徴兵制*のある国はやっぱり違うわ。そこは日本にいたら感じとれないところかも。平和ボケだからね。そこで「男と一緒に戦争に行くのが男女

*【兵役】　軍隊に入り軍務に服すること。

*【徴兵制】　国家が一定年齢の国民に兵役義務を課して強制的に軍隊に入隊させる制度。日本では、1873年（明治6年）発布の徴兵令に始まり、1945年（昭和20年）に廃止。現在徴兵制を採用する国は、スイス、韓国、北朝鮮、イスラエル、イランなど50ヵ国以上。

*【中野翠】　1946年-／コラムニスト／『小津ごのみ』『いくつになってもトシヨリ生活の愉しみ』など。

平等だ」って主張するフェミニストもいるから、私たちはこれとも闘わなきゃいけないの。

田房　今度はフェミニズム同士の闘いになるんですね。

上野　「男と同じことをやるのが平等ってことです」というわかりやすい主張より、それに反対する方がより複雑な議論を立てなきゃいけない。

田房　どうやって反論するんですか？

上野　「軍隊が人権侵害だって言うなら男は人権侵害されてるじゃないか、それなら男たちもノーと言うべきだ」って。兵士の人権も侵害されているけど、殺される側の人権はもっと侵害されてる。軍隊なんて殺人マシーン。殺人マシーンの男女平等を求めるのがフェミニズムかっていうと、ちょっと待てよって思う。そう思うのが健全な精神だと思うんだけど、男女問わずそう思わない人だっているのよね。形式論理だけで「理屈で考えればそうでしょ、なんで女は兵隊に行かないの」って言う。中野翠[*]っていう人も、湾岸戦争の時、フェミニストはなぜ「女にも戦闘のための機会を均等にするべきだ」とハッキリ言えないのか、と言ったのよ。いやらしいこと言うよね。

フェミニズムは学校で教えられるものか？

田房　今はこうやって私もフェミ的な発言をしてるけど、正直昔は誤解してました。奇抜で変わってる女の人たちが、個人的な怒りを社会のせいにするための、独特な何かだと思ってました。フェミニズムへの誤解が消えてからも、大学とかで学んでいない自分がフェミについて語ったら怒られるんじゃないか、って誤解があって。学校で教えてほしかったです。今はまだ、主体性がないと学べないジャンルだと思うんです。

上野　学校も変化してる。生徒の名簿は混合名簿になってる？

田房　今は男女混ざってます。「くん」付けもしない。全員「さん」付けで呼びます。

上野　今では男子も家庭科の授業を受けるでしょう。それは全部家庭科教師たちががんばって変えてきたこと。

田房　そうやって生活の中に組み込まれてはいるんですけど、学問として学ぶ場がなかった。それはけっこう大きいかなって思います。だからポジティブなイメージを得る場にアクセスすることができなかったのかも。

上野　そうね。それ以前に近現代史をちゃんと教わってないしね。

田房　姦通罪[*]のこともぜんぜん知らなくて、数年前に知って衝撃を受けたんです。明治時代は家父長制で、男性の世襲制だったから「女はその家の子どもを産む道具」と考えられていて、だから夫以外の人とセックスした女は姦通罪で捕まった。明治40年からその刑法が2017年に改正されるまで110年間も変わってなかった。

姦通罪自体は1947年に廃止されたけど、結婚した女に貞操義務を法的に課せるような人間扱いしない明治時代の価値観の名残りで、2019年の今も、強姦の被害者が「死ぬほどの思いで抵抗したかどうか」を追及される（右図参照）。本当に衝撃を受けました。なんでそういうのを教科

＊**【姦通罪】**　配偶者のある者が、配偶者以外と性的関係を結ぶ罪。明治時代からの旧刑法では「夫のある女性が夫以外の男性と性的関係を結んだとき、その女性と相手の男性とに成立する犯罪」であり、妻のある夫が妻以外の女性と性的関係を結んだ場合は、その女性に夫がいなければ処罰されなかった。1947年の刑法一部改正で姦通罪の規定は削除されたが、民法上の姦通は不法行為にあたり損害賠償の対象となる。

書で教えてくれなかったんだろうって思います。

上野　さっき不倫してた知り合いが相手の妻に訴えられたって話をしてたけど、あれも姦通罪の名残り。昔は夫側にだけ訴える権利がある片面的なものだったのが、両面的になって妻側からも訴えられるようになったんだけど、法の背後にあるのは所有権侵害の原理。すごいよね（笑）。

田房　ペットじゃないんだから……。学校で教わった明治時代の印象って文明開化とか、カツレツが流行ったとか、そういうことばかりでした。

上野　それと、あんぱんの起源（笑）。

無罪判決が出た性暴力事件（判決はいずれも2019年３月）

起訴内容	裁判所、無罪とした主な理由	罪名
泥酔させられた女性に男性が性交	◆ **福岡地裁久留米支部**　女性は抵抗できない状態だったが、目を開けたり、何度か声を出したりしたことなどから、女性が許容している、と被告が誤信してしまうような状況にあった。	準強姦罪
男性が面識のない女性に口腔性交を強制し、けがを負わせた	◆ **静岡地裁浜松支部（裁判員裁判）**　女性が抵抗できなかったことから、被告にわかる形で抵抗を示しておらず、被告の故意が認められない。	強制性交致傷罪
当時19歳の長女に父親が性交。長女が中２の時から性的虐待をしていた	◆ **名古屋地裁岡崎支部**　娘の同意はなく、長年にわたる性的虐待などで娘を精神的支配下に置いていたといえるが、抗拒不能の状態だったとは認められない。	準強制性交等罪
当時12歳の長女に父親が性的暴行。約２年間にわたって性行為を強要	◆ **静岡地裁**　父親に乱暴されたという娘の証言が変遷しており、信用性がない。７人暮らしのうえ家が矮小なのに、誰一人気づかなかったというのはあまりに不自然、不合理。	強姦罪

田房　そうです、そうです（笑）。そんな記憶しか残ってない。それよりも女性がどれだけ不遇な目に遭ってたかとか、そういうことを教えてよって思うんです。どうやって権利を勝ち取ってきたか、それを知らずに私たちはタテマエ平等の中で成長してきたんです。「現代は男女平等だ」って言われてそれを信じてきた。100年前にそんな世の中だったのに、すっ飛ばしていきなり完璧な平等なんてあり得ないのに。

上野　でもそれって学校を通じて伝承するものなのかな。家庭で、おばあちゃんの時代は、お母さんの時代はって、世代を通じて伝承するものじゃないかな。

田房　どうでしょうか。家庭だけで教えるのも難しいし……。

上野　メディアも教育装置なんだけど。「おしん」なんかすごい教育装置だったじゃない。

田房　この間、20代の女性と話してたら「もうすでに男女平等に働けてるのに、フェミニストの人たちが男性に対して色々厳しいことを言うから、男性がやたら気をつかって逆にやりづらい。迷惑だ」って言ってました。やっぱり歴史をシェアしないとダメだなって思います。

上野　「男が気をつかわなくなったらどんなことになるか、考えてみなさい」って言ってやりな。津田塾の女子大生が同じことを言ってた。「セクハラって言われるようになってから男の人がピリピリするようになって、仕事がやりづらくなります」って。だから**「男がピリピリしなくなったら、何が起きると思う？」って言ってあげたの。「あんたのお尻触って、おっぱい揉むよ」って！**

田房　いや、本当にそう。強者ってしょーもない！　でも昔はオフィスで上司にお尻を触られるとかは当たり前だったんですよね。

上野　男はピリピリしてるぐらいがちょうどいいんだよって言ったら、「はあ」って言ってたけど（笑）。

戦争神経症の問題はホモソの象徴

上野　歴史教育は大事よね。フェミニズムやジェンダーもだけど、戦争についても教えてほしいわ。今は学校できちんと教えないらしいから。

田房　NHKの連続テレビ小説で、男の人が戦争から帰ってくるシーンってけっこうあるんですけど、みんな穏やかに社会復帰するんです。おいおい、そんなわけねーだろって思う。殺し殺される現場に行ったら、尋常じゃない心の傷を負ってて当たり前だから、もっと不安定になったり凶暴になってたんじゃないかと思う。女の方だって空襲とかに遭ってるから、フラッシュバックで大暴れしたり、おかしな行動をする人が絶対たくさんいたはず。ドラマもいいけど、そういう事実もちゃんと知りたいです。

上野　最近ようやく戦争経験とDVの関連がちゃんと主題化されるようになってきた。日本では日本兵の戦争神経症がずっと隠されてた。

「皇軍にそのような惰弱《だじゃく》な兵はおらん」みたいな感じで。それがアメリカでアフガニスタン紛争から帰還した兵士たちの家庭内DV*が問題になって。歴史を遡ってみたら日本での実例もたくさん出てきた。

おもしろいのは、孫世代の若い研究者が祖父母の世代の研究を始めてる。子どもって親の世代の研究はできないのかもしれない。あまりに直接的な関係だから。学生に「お母さんのライフヒストリーを聞き書きして」って言ってもちょっと難しいと思うけど、「おばあちゃんのライフヒストリー」って言えばやりやすい。

30代の中村江里*さんって人が日本軍兵士の戦争神経症を研究して博士論文を書いた。敗戦の時に、国立陸軍病院の精神科の医師たちが軍の司令部から資料を全部焼却せよって命令を受けたんだけど、8000件のカルテをドラム缶に入れてこっそり埋めた人がいてね。それをデータ化して分析した結果が、『戦争とトラウマ』ってタイトルで本になってる。それを元にETVで「隠されたトラウマ〜精神障害兵士8000人の記録〜」って番組が放送された。戦争で精神障害を発症した兵士についての初のテレビ番組でした。戦争神経症の兵士たちは、当時恥ずべきことだという理由で存在自体隠されていた。いないことにされていたのよ。回復しても引き取り手がいない、帰るところがないということで故郷に帰れず、死ぬまで何十年も病院で過ごした人もいたんだって。

*【アフガニスタン紛争から〜】 サンフランシスコ復員軍人医療センターの研究チームが帰還兵10万3788人のデータを分析したところ、アフガニスタンやイラクからアメリカに帰還した退役軍人のうち、4分の1が精神的障害と診断された。精神的障害に家庭内暴力を含めた場合、同帰還兵の31%が精神的障害を患っている統計結果になる。 参考:AFP BB https://www.afpbb.com/articles/-/2194462

*【中村江里】 1982年-/社会学者/『戦争とトラウマ』など。

*【軍人恩給】 かつて軍人、公務員だった人とその遺族に給付される年金。総務省によると、令和元年度の恩給受給者の予算人員は約27万人、予算総額は1980億円。

田房　やっぱりPTSDがあるんですよね。家庭内DVという形で、暴力の連鎖もあったんじゃないでしょうか。

上野　もちろん。戦争帰りの夫が、夜中にうなされたり、不穏になったりすることを記憶している妻はいっぱいいる。そのなかには、妻子を殴ったり蹴ったりした男もいただろうね。戦傷病兵に対して日本は軍人恩給[*]を出したんだけど、体を損傷した人と違ってメンタルを損傷した人については、自己責任なのか軍隊の経験に由来するのかの判定を医者がやる。その医者の判定次第で軍事恩給が出るか出ないかが決まる。

田房　戦争行ったってことがわかっていても？　ひどい。

上野　もともと精神や知的障害があった人も出征させられたんだけど、その人たちには恩給が出なかった。戦場経験があってもなくても発症していただろうって。

田房　いやいやいやいや。はー……。でもそれを隠すっていう発想はホモソ（ホモソーシャル）の象徴ですよね？　「おれたちの弱さを見せない」

ってことですもんね。

上野　イエス、イエス、イエス。

田房　そこを隠すことがどれだけ害悪なことか。国家レベルで何十年にもわたってそこの部分を隠してるから、今こんなことになってるんだと思うんですよ。ジェンダー観もそう。当時はできる状況じゃなかったかもしれないけど、ちゃんとケアしてPTSDに対応していたら今ぜんぜん違ってたんじゃないかって思います。

フェミニズムは女が女であることを愛し、受け入れる思想

上野　田房さん、今ポイントついたよね。**弱さを隠す。それを「ウィークネスフォビア（弱さ嫌悪）」って言うの。**私はそれを「弱さを認めることができない弱さ」って呼んでる。男が一番弱いのが「卑怯者」と「弱虫」って言われること。たったそれだけのために死地に赴くわけよ。私は、右翼の女性にそれを感じる。女の中にあるウィークネスフォビア。彼女たちは女が弱者だということを嫌悪して、ホモソの社会に同一化した女の人たちなのよ。

田房　今はじめて納得しました。これまで右翼の彼女たちの主張がまったく理解できなかったんです。何を言ってるのかぜんぜんわからなかったんですけど、そういうことなんですね。

上野　自分と同性の女が被害者面するのが許せない。ガマンできない。

田房　あれこそ、こわいです。

上野　女がホモソの社会に同一化すると、自分の弱さを認められないだけでなく、同性の女が弱者であることがガマンできない。

田房　それはミソジニー*なんでしょうか？

上野　女の弱さが許せないって、ミソジニーそのものでしょう。父に支配される母に同情はするけれど、それに唯々諾々と従っている母の無力さが許せない、という娘はいっぱいいるよね。**同じ女だから、ほかの女の弱さを見ているのがつらいし、憎むんです。**ミソジニーから男に過剰同一化して、男から承認を得ることを期待する女は、いっぱいいる。杉田水脈《みお》*とか、稲田朋美*とか。

田房　彼女たちって不思議とみんな同じ雰囲気に見えて、似ているように感じる。でも、フェミニストの中にもミソジニーは存在するんですよね？

上野　「上野さんはミソジニーでしょ」って言われたら、私は「そうよ」って答えます。私がミソジニーから100%解放されていれば、フェミニストである必要ないもん。闘う必要がないから。**自分の中にあるミソジニーと闘い続けてきた人をフェミニストと呼ぶのよ。**

田房　上野さんはミソジニーを「男にとっては『女性蔑視』、女にとっては『自己嫌悪』」って定義してますね。

上野　そう、だからずいぶんラクになったわよ。自分と和解してきたか

＊**【ミソジニー】**「女ぎらい」「女性蔑視」のこと。「ミソジニーは男女にとって非対称に働く。男にとっては『女性蔑視』、女にとっては『自己嫌悪』」　参考：上野千鶴子『女ぎらい』（紀伊國屋書店、2010）

＊**【杉田水脈】**　1967年–／自由民主党所属の衆議院議員。新しい歴史教科書をつくる会理事。

＊**【稲田朋美】**　1959年–／自由民主党所属の衆議院議員、弁護士。

ら。**フェミニズムは女にとって、自分と和解するための闘いだもの。**この世の中で育ってミソジニーのない女はいないと思うけど、もしそういう女がいたらフェミニストになる必要がないと思う。だから「上野さんもミソジニーでしょ」って言われたら、「そうよ」って認める。フェミニズムは女が女であることを愛し、受け入れる思想ね。今では、私は生まれ変わっても女がいい、と思ってる。

私はフェミニスト！

田房　上野さんは「ミソジニーから出発しなかったフェミニストはいない」って書いていますよね。ミソジニー、女としての自己嫌悪と闘うことがフェミニストへの第一歩なのかも。

SNSでもフェミニストと名乗る匿名の人たちが増えて、今度はその人たち同士で叩き合うのをよく見るようになりました。「こいつはこんな発言をしてたからフェミじゃない」とか。自分たちの文脈で「この人はフェミを理解してるかしてないか」で見て、「してない」と判定したらそれだけでバッシングしたり。私も言われることがあるし、そういう流れには心の底からウンザリしてます。

上野　私たちの歴史を思い起こしてほしい。私たちは「あなたはフェミじゃない」なんて言い方はしない。「フェミは多様だ」って言ってきた。なぜって、フェミの中に簡単には答えの出ない問いがいっぱいあるから。フェミはコインを入れると正しい答えがチーンと出てくる正解マシーンじゃない。子連れ出勤是か非か、女も戦争に行くか行かないか、総合職で歯を食いしばってがんばるか否か、私たちはたくさん論争してきたの。**フェミは論争を怖れない思想でしたね。**ツイッターなどの

SNS 空間で論争すると、ただの誹謗中傷になって、議論にならないかもね。

田房　単なる罵り合いです。意地悪なだけでなんにも生み出さないし、せっかく得た自分たちの居場所をどんどん狭くしてる。関係ない人から見ても印象よくないと思う。

上野　思想は論争の中で鍛えられる。自分の議論の欠陥や限界を指摘されたり、相手の論理を理解して弱点をついたり、対立を乗り越えて新しい議論をつくってきた。アグネス論争*の時も、女性史論争*の時も、私たちはそうやって鍛えられてきた。罵詈雑言でぶっつんする男たちの世界に比べて、フェミは論争を怖れず、論敵を同志として闘ってきました。

田房　フェミニストの定義についてきちんとした議論もないまま、それぞれが独自の解釈で、誰がフェミで誰がフェミじゃないってやり合うんです。それがすごく悲しい。

上野　**フェミニストは自己申告概念だから、そう名乗った人がフェミなのよ。**こんな人に名乗ってほしくないって私が思うような人でも、名乗ることを妨げることはできない。

田房　そうですよね、それがフェミですよね。

上野　**フェミは多様なものよ。一人一派、それ以上ある**

＊**【アグネス論争】**　1988年、歌手でタレントのアグネス・チャンが乳児を連れてテレビ番組の収録に「出勤」したことの是非をめぐる論争。歌手・淡谷のり子、作家・林真理子、コラムニスト・中野翠らが批判。一方、上野千鶴子は「働く母親の背中には必ず子供がいるもの」としてアグネスを擁護した。

＊**【女性史論争】**　村上信彦『明治女性史』全４巻（1969–1972）とその方法論の提示をきっかけに行われた、日本の女性史をめぐる論争。明治に生きた有名・無名の女たちの生活、結婚、教育、職業、意識の変化を全的に把握しようとする最初の試みとして書かれた『明治女性史』の中で、村上は井上清の『日本女性史』（1948）は現在から見た「解放史」であると批判し、それに対して論争が起きた。　参考：古庄ゆき子「近代日本女性史の方法　試論」

かもしれない。 それらがぶつかり合うことはあっても、正統と異端という考えはまったくない。田房さんは独力で表現を獲得したかもしれないけど、私が使ってる言葉の９割以上は借り物なの。色んなものを読んだり学んだりして得てきた知識からもらってきた。自分一人で思いついた言葉なんてちょっとしかない。誰かの言葉を借りることは別に悪いことじゃない。言葉って受け継がれるものだから。他人から借りて、納得して、自分のものにしていけばいいのよ。「ホモソーシャル」とか「ミソジニー」とかの言葉もそう。「使える〜」と思ったから、私はこれをイヴ・セジウィック*から借りて、生かして、広めたのよ。こういう借り物の言葉を私たちはいっぱい蓄積してきた。それを共有財産にしたの。それが女性学・ジェンダー研究なの。

田房　それを継承していけたらいいなって思います。私たちの番がきてるから、堂々とやっていいんだなって。

上野　私はいちいち、誰から借りたってことをちゃんと覚えてる。私の前に立ち上がったおネエさんたち、オバさんたちに対する学恩があるから。フェミって名乗ると本が売れないとか、叩かれるとか言われてきたけど、私がフェミニストの看板をおろさないでいるのはそれを忘れないため。だから「大沢真理の言ったテーラーメイド」とか、「セジウィックのホモソーシャルの概念」とか、発言主を忘れずに言葉を借りる。ピンとくる言葉って、聞いた瞬間ふっと腑に落ちるじゃない。あなたの「Ａ面Ｂ面」って言葉もそうだけど、それだけで世の中がクリアに理解

＊**【イヴ・セジウィック】** 1950–2009／文学研究者。男同士の性愛をホモセクシュアルと言うが、性的でない男同士の絆をホモソーシャルと呼んでホモセクシュアルから区別した／『男同士の絆―イギリス文学とホモソーシャルな欲望』『クローゼットの認識論』など。　参考：上野千鶴子『女ぎらい』（紀伊國屋書店、2010）

できるようになる。学問はそれをやってきたのよ。だから先人の学恩を忘れないため。

それともうひとつ、フェミニズムは輸入物の概念を使っているって批判を受けてきたの。「フェミニズム」ってそもそもカタカナ言葉。「セクシュアル・ハラスメント」「ドメスティック・バイオレンス」、全部カタカナの輸入品。「A面B面」みたいなオリジナルじゃない。「ホモソーシャル」「ミソジニー」もそう。日本語の翻訳語をきちんと作らなかったのは、私たちの怠慢かもしれない。その結果、カタカナ語のまま流通してしまいました。でも、それは本当に責められるようなことなのか？

ガヤトリ・スピヴァク[*]という知識人がいて、彼女はインド生まれでありながらコロンビア大学で英文学の教授をしている女性。インドはイギリスに支配された国で、彼女はそこで生まれ育ったエリート。英文学を学び、アメリカに渡った。もし彼女が英語で学んだ知識を彼女から引き算したら、今の彼女は存在しないよね。英語の教養は、骨がらみで体にしみこんでるから。

ある時フェミニストの学術集会があって、私も参加したの。そこで「ジェンダー」って概念が議題に上った。「ジェンダー」の語源はもともとフランス語の文法用語の「ジャンル」から来てる。フランス語には女性名詞、男性名詞があるけど、性別詞は英語にも日本語にもない。その場にフランス人の女性研究者がいて、イギリスのジェンダー研究者に向かってあてこすりっぽく「ジェンダーはもともと英語になかった概念です」って言ったのね。さらに同席してた日本人に向かって「まして日本人にとって、ジェンダーはどんな関係があるんですか」って！　い

＊【ガヤトリ・スピヴァク】 1942年–／批評家／『サバルタンは語ることができるか』『ポスト植民地主義の思想』など。

やな女だよねー（笑）。その時、スピヴァクの切り返しがみごとだった。**「どこで生まれたものであれ、使えるものはなんでも使えばいい」**って。

田房　きゃー！

上野　かっこいいでしょ？

田房　最高です!!

上野　ぐっとくるよね！「よし！　次からはこれでいってやれ」って思ったもの（笑）。そうやって学んできたの。そういう人たちの群れが「自分たちはフェミニストだ」って名乗っていた。私はその人たちに恩がある。それを忘れないために、これからも「私はフェミニストだ」って名乗り続けます。

対談を終えて 田房

上野さんとの対談が終わって思ったのは
社会に対して思っていること、不平不満、違和感とかをどんどん訴えていいってこと
自分の体内に吸いこんでおくのがいいという風潮だけど
スゥーッ
不満
不信 怒り
不安
モヤモヤ
はき出しても ぜんぜんかまわないんだ
ハーーーッ!!
昔の人たちがそうやってくれたから 今がある
次の人たちのためにも
どんどん言っていきましょう

おわりに

田房さんとは初対面だったが、初めてのような気がしなかった。

それ以前から田房さんの『男しか行けない場所に女が行ってきました』などの著作を読んでいたからなのだが、著作を通じて知る田房さんは、率直で的確、そしてまっとうな感性の持ち主だった。その後、田房さんの本業が漫画家であることを知り、漫画作品をいくつか読んだが、親との関係や、子育て、夫婦関係について、おどろくほど正直にそして真摯に、向きあっていることが伝わった。

その田房さんから共著で本をつくりたいとお申し出をいただいた。もちろん喜んでOKした。

田房さんは団塊ジュニア、わたしは団塊世代である。ちょうど親子の年齢差がある。ということは田房さんの母親がわたしと同世代ということでもある。田房さんのマンガに出てくる「毒親」は、「あるある」感満載で、田房さんの経験が決して個人的な経験ではなく、世代的な経験であることを想像させる。思えばフェミニズムは「個人的なことは政治的である」という標語のもとに、男女関係のトラブルや親子の葛藤を問題化してきたが、今度はその世代が親になると、子どもに対しては加害者になったのだ。

フェミニズムは早い時期から「母と娘」を問題化してきた（というのも心理学は父と息子、母と息子しか対象としてこなかったから）。田房さんの本を読んで、団塊世代にも母親はいたが、なぜ母と娘の葛藤が「毒親」のような「支配とコントロール」のカタチをとらなかったのだろうと考えた。それはもう一つ前の世代の母たちが、あまりに無力であったからかもしれない。娘たちは、母の無力を呪い、母を反面教師にした。だが団塊世代の母はエネルギーにあふれている。しかも水路を見つけられずに鬱屈したエネルギーに。

そのエネルギーは自分がコントロール可能な弱者に向かう。子ども、それも息子より娘だ（息子たちもたいへんなはずだが、息子たちのなかから、母-息子関係、父-息子関係について、田房さんのような率直な声や表現が聞かれないのはなぜだろう？　謎だ）。

そしてその田房さんの世代が、今度は親になった。その田房さんは娘と息子を育てている。自分の感性を全開にし、ごまかしを許さず（何より子どもがいちばん見抜くから）、夫と子どもに向きあう姿は感動的だ。人間は誰だって未熟だけれど、こうやって学びながら、親は親になり、夫婦は夫婦になり、子どもはおとなになっていくのだ、ということが伝わる。ということはつまり、結婚しただけで夫婦になり、子どもを産んだだけで親になるわけじゃないのだ。

結婚するしか選択肢のなかった団塊母のそのまた母の世代。選択肢を示されたはずだったのに、それを閉ざされた団塊母の世代。そして結婚と仕事のふたつの選択肢を強制された団塊ジュニアの世代。この世代が育てる子どもたちの将来はどうなるのだろうか？　見てみたい。社会学者としての好奇心は抑えがたく、そのために、ちょっと長生きしてもみようか、と思える。

終日に及んだ対談はとどまるところを知らず、おもしろかった。そのおもしろさが、読者に伝わるとよいと思う。この貴重な機会を提案してくれた編集者の鈴木萌さんに感謝。何より、わたしとつきあって、表現力豊かな漫画を描いてくださった田房さんに感謝。本文のなかでも何度も指摘しているが、田房さんが自前でつくりだす言語表現能力はすばらしく高い。その言語表現能力を持った彼女が、漫画という表現ツールを持っていることの強みは大きい。というわけで、お絵かきもお歌も踊りもできない上野は、この才気あふれる若い女性に、メッセージを託せる幸運を喜びたいと思う。

上野千鶴子

上野千鶴子

うえの・ちづこ

1948年富山県生まれ。社会学者。東京大学名誉教授。認定NPO法人ウィメンズアクショネットワーク(WAN)理事長。専門学校、短大、大学、大学院、社会人教育などの高等教育機関で、40年間、教育と研究に従事。著書に『家父長制と資本制』(岩波現代文庫)、『おひとりさまの老後』(文春文庫)、『女ぎらい』(朝日文庫)、『ケアの社会学』(太田出版)など多数。

田房永子

たぶさ・えいこ

1978年東京都生まれ。漫画家、ライター。母からの過干渉に悩み、その確執と葛藤を描いたコミックエッセイ『母がしんどい』(KADOKAWA／中経出版)がベストセラーに。主な著書に『ママだって、人間』(河出書房新社)、『キレる私をやめたい～夫をグーで殴る妻をやめるまで～』(竹書房)、『「男の子の育て方」を真剣に考えてたら夫とのセックスが週3回になりました』(大和書房)など。

上《うえ》野《の》先《せん》生《せい》、

フェミニズムについてゼロから教《おし》えてください！

2020年1月20日　第1刷発行
2024年6月15日　第6刷発行

◆著　者　上野千鶴子《うえのちづこ》・田房永子《たぶさえいこ》

◆発行者　佐藤 靖

◆発行所　大和《だいわ》書房

東京都文京区関口1-33-4　電話 03-3203-4511

◆構成：竹花帯子　◆漫画・イラスト：田房永子

◆イラスト作画協力：阿美泰子　◆注釈作成：大和書房 編集部

◆装丁：鈴木千佳子　◆著者写真撮影：片桐圭　◆写真提供：共同通信社

◆本文印刷：信毎書籍印刷　◆カバー印刷：歩プロセス　◆製本：小泉製本

©2020 Chizuko Ueno and Eiko Tabusa, Printed in Japan

ISBN 978-4-479-39332-0

乱丁・落丁本はお取り替えいたします　http://www.daiwashobo.co.jp